Adeline Rittershaus

Die Ausdrücke für Gesichtsempfindungen in den altgermanischen Dialekten. Ein Beitrag zur Bedeutungsgeschichte

Erster Teil

Adeline Rittershaus

Die Ausdrücke für Gesichtsempfindungen in den altgermanischen Dialekten. Ein Beitrag zur Bedeutungsgeschichte
Erster Teil

ISBN/EAN: 9783337373887

Hergestellt in Europa, USA, Kanada, Australien, Japan

Cover: Foto ©Suzi / pixelio.de

Weitere Bücher finden Sie auf **www.hansebooks.com**

Abhandlungen

herausgegeben von der

Gesellschaft für deutsche Sprache in Zürich.
III.

Die

Ausdrücke für Gesichtsempfindungen

in den altgermanischen Dialekten.

Ein Beitrag zur Bedeutungsgeschichte.

Von

Adeline Rittershaus.

Erster Teil.

E. Speidel,

Akadem. Verlagsbuchhandlung.

1899.

Druck von Zürcher & Furrer in Zürich.

Vorwort.

Im Jahre 1879 veröffentlichte Bechtel sein Werk „Über die Bezeichnungen der sinnlichen Wahrnehmungen in den indogermanischen Sprachen" (Weimar, Herm. Böhlau). Er macht hier den Versuch, das, was Jakob Grimm in seinem Aufsatze „Die fünf Sinne" (Kleinere Schriften Bd. VII, S. 193 ff.) angedeutet hatte, durch Herbeiziehung von Material aus den wichtigsten indogermanischen Sprachen in umfassender Weise zur Darstellung zu bringen. Das Hauptergebnis, zu dem der Verfasser in dieser Schrift kommt, wird von ihm wie folgt formuliert: „Die wahrnehmungen durch die fünf sinne werden, falls ihre bezeichnung nicht verengung ist der bezeichnung für die wahrnehmung allgemein[1]), sprachlich in der weise zum ausdruck gebracht, dass von der perception als solcher völlig abgesehen und statt ihrer die tätigkeit genannt wird, auf welche die perception erfolgt oder welche gegenstand der perception ist." (Bechtel a. a. O. Vorwort S. VIII ff.).

Auf S. 157 ff., wo Bechtel das Kapitel „Sehen" behandelt, stellt er fernerhin folgende Gleichungen auf: „Sehen" ist gleich „hell sein, glänzen, leuchten." — — Das auge, welches sieht, glänzt auch — — somit war nicht nur das sichtbare ein glänzendes, nicht nur der stoff des sehens war ein glänzen: sondern auch das sehende glänzte, das sehen selbst war ein glänzen." Auf Seite 160 formuliert Bechtel die zweite Gleichung: „Das auge glänzt, der

---

[1]) Die verba für die wahrnehmung ganz allgemein habe ich nicht aufgeführt. auf welchen begriff derjenige des wahrnehmens zurück führe, lehrt das verhältnis von lat. *sentire* zu mhd. *sinnen*, eine richtung auf ein ziel nehmen, gehen, reisen; seine gedanken worauf richten. das „bemerken", welches der sinn von lat. *sentire* ist, ist folge des aufmerkens, welches durch *sinnen* bezeichnet wird. irgend etwas von perception liegt also auch im lat. *sentire* und, wie ich hinzufügen kann, in seinen synonymis nicht.

glanz ist scharf: folglich ist auch das auge scharf, sehen fällt zusammen mit „scharf sein, durchdringen". — — — vermöge des
auges unterscheide, d. h. trenne ich die gegenstände im raume von
einander; „sehen" fällt also zusammen mit „sichten, trennen",
welche die sprache mit „schneiden" synonym fasst." — Und
schliesslich (S. 161 ff.) werden von Bechtel dann noch die Verba
behandelt, die die Bedeutung „sehen" aus „aufmerken, wahrnehmen" spezialisiert haben. Zu diesen zählt er die Verben, deren
Grundbegriff „halten, ziehen" ist, dann diejenigen, die vom Grundbegriff „spannen" ausgehen, ferner die Vertretungen des Grund-
begriffs „wahren" („auf der Hut sein" und so „ausschauen nach")
und endlich die Verben, die auf den Grundbegriff „wahrnehmen"
zurückzuführen sind.

Im Folgenden will ich nun kurz zusammenstellen, welche
Verben in den von mir untersuchten Sprachdenkmälern überhaupt
in Betracht kommen, und inwieweit diese den Bechtel'schen
Hypothesen entsprechen, wenn sich auch aus dieser Darlegung, die
nur unvollständig ist, noch keine irgendwie bindenden Schlüsse ziehen
lassen. Denn zur Betrachtung wurden in dieser Arbeit nur folgende
Werke aus den altgermanischen Dialekten herangezogen: Aus dem
Gotischen der ganze uns erhaltene Sprachschatz, aus dem Altis-
ländischen die ältere Edda, aus dem Angelsächsischen der Beówulf, aus dem Altsächsischen der Heliand und aus dem Alt-
hochdeutschen das Werk Otfrids. Das ganze aus diesen Denkmälern gewonnene Material ordnete ich nach folgenden Gesichts-
punkten. Den ersten Teil dieser Arbeit bilden die Verben, die
primär im Germanischen eine Gesichtswahrnehmung zu bedeuten
scheinen, hierauf folgen die Verben, die erst sekundär zu dieser
Bedeutung gelangen, und an diese schliessen sich die ein „sehen"
besagenden syntaktischen Verbindungen an.

Ich beginne mit der Betrachtung der Verben der erstern Art.
Für die erste Gleichung „sehen = leuchten" nimmt Bechtel aus
dem Germanischen *wlitan und *skawwôn in Beschlag. Nach Kluge
(etymol. Wörterbuch d. deutschen Sprache, 5. Auflage, S. 15) ist
jedoch die Wurzel wlid- ausserhalb des Germanischen überhaupt
noch nicht nachgewiesen, und für die Wurzel sku | skau (a. a. O.
S. 318) nimmt er schon als Grundbegriff „sehen" an. Für die zweite
Gleichung „sehen = scharf sein, durchdringen" glaubt Bechtel,

dass *sëhvan mit lat. *secare* gleiche Basis habe, während für Kluge
(a. a. O. S. 344) die Annahme einer Verwandtschaft mit der lautlich
dazu stimmenden idg. Wurzel *sek* = „folgen, verfolgen, begleiten"
unbedenklich erscheint. *Haldan führt Bechtel sodann auf den
Grundbegriff „halten, ziehen" zurück — nach Kluge (a. a. O. S. 153)
ist die Grundbedeutung für das Germanische „mit sorgsamer Über-
wachung zusammenhalten"; ausserhalb des Germanischen scheint
ihm eine sinnverwandte idg. Wurzel *kalt-* zu fehlen. Von einem
„spannen" soll ferner nach Bechtel die idg. Wurzel *spak-* ausgehen, in deren Vertretung das Germanische noch *spëhôn aufweist.
Nach Kluge (a. a. O. S. 351) führt die Bedeutung der Wurzel *spek-*
auf den Grundbegriff „sehen" zurück. Und schliesslich gilt auch
für Bechtel — hier in Übereinstimmung mit Kluge (a. a. O. S. 394)
— die german. Wurzel *war-* = „aufmerken" als urverwandt mit
griech. ὁράν. — Ausser diesen auch bei Bechtel erwähnten Verben
kommen noch einige andere in unsern Denkmälern in der primären
Bedeutung einer Gesichtsempfindung in Betracht. Es sind dies
*gaumjan, *hôdjan, *kappên, *kôpên, *lôkôn, *starên und *witên. Für
*kappên, *kôpên und *lôkôn ist die Vorgeschichte dunkel, und auch
für *gaumjan scheint mir die Etymologie, die Uhlenbeck (Kurz-
gefasstes etym. Wörterbuch der got. Sprache, Amsterdam 1896,
S. 59) im Anschluss an Johansson (Beitr. XV, S. 228) ver-
zeichnet, ziemlich zweifelhaft. Nach Kluge (a. a. O. S. 176)
gilt für *hôdjan die idg. Wurzel *kădh (kŏdh?)* oder *kŏt* ebenfalls
auch für lat. *cassis* (für *cat-tis) „Helm", bei *starên* erinnert
Kluge (a. a. O. S. 359) an skr. *sthira* = „fest, stark", griech.
στερεός = „hart", und für *witên und dessen weitere Verwandte
nehmen Bechtel (a. a. O. S. 163) wie Kluge (a. a. O. S. 409) den
Grundbegriff „finden" an.

Bei diesen eben erwähnten Verben, die primär im Germanischen zum Ausdruck einer Gesichtsempfindung dienen, ist es schwierig
zu beurteilen, inwieweit Bechtels Gleichungen stimmen, da in
betreff des Grundbegriffes der Wurzeln, wie wir sehen, die Ansichten sehr auseinandergehen. Wichtiger scheint es mir daher zu
beobachten, von welchen germanischen Grundbegriffen aus die Bedeutung „sehen" sekundär sich entwickeln kann. Hier können wir
uns wenigstens auf den in unsern Denkmälern beglaubigten Gebrauch stützen. Die Mehrzahl dieser Verben, wie z. B. *ahtôn,

*hugjan, *þankjan etc., gehen von einer Thätigkeit des Geistes, von dem Grundbegriff „etwas glauben, meinen, denken" aus. Die Bedeutung „etwas suchen, durchsuchen, erforschen" ist für Verben wie *fandôn, *niuhsjan, *kannôn etc. der primäre Begriff. *Finþan und *hiltjan besagen zuerst „finden", und hieraus entwickelt sich dann das „sehen". Von einem konkreten „empfangen, erhalten" haben *nëman und *gëtan ihren Ausgang genommen, und für *mundôn muss „mit den Händen festhalten" als Grundbegriff aufgefasst werden. Für *skeljan = „trennen, scheiden" kommt die zweite Bechtel'sche Gleichung „sehen = scharf sein, durchdringen" in Betracht. *Snuwwôn = „lauernd schielen" stellt Noreen (Altisländische Grammatik, Halle 1892, § 246, 2) mit snúa = „drehen" zusammen, *hwurbên verengert aus der allgemeinen Bedeutung „sich wenden, gerichtet sein" den Begriff zu einem „mit den Augen sich wenden", und *gapên geht von dem Grundbegriffe „den Mund weit öffnen" aus (Kluge, a. a. O. S. 124). Für all diese Verben treffen die Bechtel'schen Gleichungen nur bei *skeljan zu.

Und nun noch zur kurzen Betrachtung der syntaktischen Verbindungen. Das „sehen" gilt in dages liohtes brúkan als ein „geniessen" des Lichts. Dann wird durch das „öffnen" oder „aufheben" der Augen eine Wahrnehmung ermöglicht (thiu ougun induan oder ushafjan augôna), oder das „sehen" wird als ein „empfangen" oder „nehmen" eines Anblicks aufgefasst (mit ougôn intfâhan und ahta, gouma, wara nëman). Ferner wird der Anblick als zu den Augen kommend oder vor ihnen sich befindend bezeichnet (te gisiunion kuman, in siunai wairþan, liggja fyrir). Der Fähigkeit zum Sehen wird in der Weise Ausdruck verliehen, dass von einem „empfangen" des Gesichtssinnes die Rede ist (thes gisiunes biquëman). Anschliessend an das schon erwähnte „aufheben" oder „öffnen" der Augen, gelten fernerhin besonders die Bewegungen des Auges als charakteristisch, um durch sie die Perception selbst zu bezeichnen. Die Augen werden entweder „geführt" (leiða sjónom), oder sie „wandern" (ríða augo) oder „wenden sich", um eines Anblicks teilhaftig zu werden (thiu ougun wenten), und schliesslich „weisen" sie auf das Objekt (rísa augom).

Also auch hier können die im 5. Kapitel von Bechtel angenommenen Gleichungen nicht in Betracht kommen. Die Mehrzahl der Fälle bestätigt jedoch das in dem Vorwort von Bechtel ebenfalls festgestellte Ergebnis, dass „statt der Perception sprachlich die Tätigkeit genannt wird, auf welche die Perception erfolgt."

Aus dieser Zusammenstellung lassen sich jedoch aus dem oben angebenen Grunde noch keine bindenden Schlüsse ziehen. Aus dem gleichen Grunde sehe ich auch vorläufig davon ab zu untersuchen, inwieweit Ost-, Nord- und Westgermanisch in der Bedeutungsentwicklung der Wörter mit einander übereinstimmen oder Abweichungen zeigen. Zusammenstellen will ich jedoch in Folgendem noch kurz, welche Bedeutungsentwicklungen für die Verben der Gesichtsempfindung überhaupt in Betracht kommen, da vielleicht hierdurch der etymologischen Forschung einige Dienste geleistet werden. Denn es bieten sich uns im Laufe der Untersuchungen im Grossen und Ganzen immer wieder dieselben Entwickelungen dar, und wenn das eine oder andere Wort in den verschiedenen germanischen Sprachen oder auch nur in derselben Sprache oft auf den ersten Anschein kaum mit einander zu verbindende Bedeutungen aufweist, so liefert die analoge Bedeutungsgeschichte eines andern, vielleicht reicher belegten Wortes die hier fehlenden Zwischenglieder, um die so verschieden erscheinenden Begriffe mit einander zu verknüpfen. — Sehen wir uns nun einmal kurz um, welchen Begriffsentwickelungen wir bei den Verben zur Bezeichnung einer Gesichtsempfindung begegnen können.

Ich beginne mit einem Überblick über die Differenzierungen, die sich bei den Verben vorfinden, die im Germ. ursprünglich als Ausdruck einer Gesichtsempfindung zu gelten haben. Absolut gebraucht dienen diese Verben vor Allem zur Bezeichnung der Fähigkeit, sich des Gesichtssinnes zu bedienen. Dann vertreten sie eine unwillkürliche Thätigkeit der Augen, und hieran schliesst sich die Bedeutung einer vom sehenden Subjekt veranlassten Gesichtswahrnehmung an. Auf das „schauen" folgt das „beobachten", und wenn sich hierzu noch die Vorstellung einer Anstrengung der Augen hinzugesellt, so gelangt das Verb zu der Bedeutung „spähen", oder, im Hinblick auf das mit den Augen erreichte Ziel, zu „erspähen". Wenn das „beobachten" den Zweck des „Hinderns" und „Schützens" eines ins Auge gefassten Objektes in sich schliesst, so entwickelt sich daraus der Sinn „etw. bewachen". Tritt die eine Ursache der Bewachung, das „Hindern" des Objektes, mehr in den Vordergrund des Bewusstseins, so kann ein Verbum der Gesichtswahrnehmung zu der Bedeutung „Jem. wehren, ihn hindern" gelangen. Wird mehr an den „Schutz" des Objektes gedacht, so besagt dasselbe Verb „verteidigen", oder es wird schon zur Bezeichnung der Folgen einer wirksamen Verteidigung, der „Rettung" gebraucht. Beim Bewachen kann man aber auch die beobachtete Gefahr „fürchten", versuchen, sie zu „vermeiden", und zu diesem Zwecke kann dann „bewachen" als identisch mit „verbergen" empfunden werden. Oder das „bewachen" eines Objektes geschieht in der Absicht, diesem zu schaden, und so gewinnt das Verb den Sinn „Jem. auflauern, ihm nachstellen". Anderseits wird aber auch daran gedacht, dass man für das, was man eifrig im Auge behält, „Sorge trägt". An diese Bedeutung schliessen sich nun weitere Entwickelungen an. Das „Sorge tragen" für ein lebendes Wesen wird zur „Pflege" oder spezialisiert zur „Bewirtung" desselben. „Sorge tragen etw. zu thun", entwickelt sich zu der Bedeutung „etw. besorgen". Ferner wird auch für das, wofür man „Sorge trägt", eine „Verantwortung übernommen". — Das Objekt, das unsere Aufmerksamkeit so in Anspruch nimmt, kann von uns weiterhin auch „für etwas Besonderes gehalten" und aus diesem Grunde „berücksichtigt" werden. Das „schauen" auf ein Objekt kann dann auch der Ausdruck unserer „Hoffnung" auf dasselbe, unseres „Vertrauens" oder gar unserer „Verehrung" sein. — Zu einer andern Begriffsentwickelung haben wir wieder auf die Bedeutung „etwas bewachen" zurückzugehen. Aus diesem resultiert das Bewusstsein, das bewachte Objekt „in der Gewalt zu haben", über dieses zu „herrschen". Wer eine Gegend „bewacht", gilt als der „Bewohner" derselben, und wer z. B. den Schatz „bewacht", „besitzt" ihn, kann ihn sogar ganz konkret „mit den Händen festhalten" oder „stützen". Aus dem Wunsche, ein Objekt zu „sehen", folgt das „aufsuchen" desselben, und wenn dieses in feindlicher Absicht geschieht, so gelangt das Verb zu der Bedeutung „Jem. angreifen". — —

Ist mit der Gesichtswahrnehmung eine Thätigkeit des Geistes verbunden, so wird durch das „sehen" zugleich auch „etw. erkannt", sei es nun, dass das Erkannte dem sehenden Subjekt noch unbekannt, sei es, dass es von ihm wiedererkannt wird (Paul, Deutsches

Wörterbuch, Halle 1897, S. 123). Und schliesslich wird das, was
„genau kennen gelernt“ wurde, „gekannt“ und „gewusst“. Wird
eine Vorschrift, ein Gesetz „beobachtet“, so wird es „gehalten“,
wird ein Feiertag oder ein Fest „beobachtet“, so heisst das „es
feiern“. Wird etwas im Geiste „aufbewahrt“, so wird es „nicht
vergessen“, es wird „behalten“, und wird endlich um ein gegenwärtiges oder künftiges Übel „Sorge getragen“, so heisst das „dar-
über Angst empfinden“.

Nun zur Betrachtung der Verben, die sekundär zum Ausdruck
einer Gesichtsempfindung werden können. Hier haben wir von
verschiedenen Voraussetzungen auszugehen. Ich beginne mit den
Verben, die zur Bezeichnung einer Geistesthätigkeit dienen, also
„glauben, meinen, denken“, besagen. Wir haben hier anzuknüpfen
an die Bedeutung „den Sinn auf etwas richten“. An diese schliesst
sich das „in Betracht ziehen“ an, und dieses kann durch Gedanken
oder durch Worte geschehen, es kann „auf etwas geachtet“ oder
„etwas besprochen“ werden. Ferner erringt sich oft das, was
„beachtet“ wurde, „Achtung“, es wird für dasselbe „Sorge getragen“ und „Sorge empfunden“ und damit auch zugleich „die Verantwortung übernommen“. Das Richten des Geistes auf etwas
wird unter Umständen die Veranlassung, die Augen auf das Objekt
zu richten. Es wird dieses durch die Gesichtswahrnehmung „genau kennen gelernt“ oder als „Bekanntes wiedererkannt“. Dann
verdrängt die konkrete willkürliche Thätigkeit der Augen in der
Bedeutung die Thätigkeit des Geistes, und schliesslich wird das
Verb als Ausdruck einer unwillkürlichen Gesichtsempfindung verwendet, daneben allerdings fast ebenso häufig auch zur Bezeichnung
der Empfindungen des Gehörs und des Gefühls. — Ähnlich ist
auch die Entwickelung, wenn wir von den Verben ausgehen, die
die Bedeutung „wissen, kennen“ vertreten. Diese haben ein
„kennen gelernt“ oder „gesehen haben“ zur Voraussetzung, und
wenn die „Erwerbung“ der Kenntnisse und des Wissens beim Gebrauch des Verbs mehr in den Vordergrund des Bewusstseins tritt,
als der „Besitz“ derselben, so kann sich hieran leicht für dasselbe die Bedeutung einer konkreten Sinnesempfindung schliessen.
Und hier kommen auch wieder als Vermittler der „Erkenntnis“
das Gesicht, das Gehör und das Gefühl in Betracht. — Wie wir
bei dem „Bewachen“ eines Objektes die Nebenvorstellung trafen,

dass dieses in feindlicher Absicht geschehe, so kann anderseits bei dem Verb „Jem. nachstellen" dieser Gedanke zurücktreten und nur noch die Bedeutung „etw. aufmerksam beobachten" empfunden, oder im übertragenen Sinne dann nur „etw. beabsichtigen, erstreben" durch das Verb ausgedrückt werden. — Wenn wir von dem Suchen, „von einem sich bemühen, etw. zu finden, wovon man noch nicht weiss, wo es ist" (Paul, a. a. O. S. 443) als Grundbegriff ausgehen, so tritt das „nicht wissen, wo das Objekt sich befindet" oft in den Hintergrund, und das „sich bemühen, etw. zu finden" wird zum „aufsuchen", oder auch zum „aufsuchen" in feindlicher Absicht, zum „angreifen". Ferner wird durch das Suchen „etw. durchforscht" und „erspäht", dann „erkannt" und schliesslich von den Augen, dem Gehör oder dem Gefühl „wahrgenommen". Ein feindliches „aufsuchen" ist aber auch das „versuchen", und mit diesem hat das „auflauern" die feindliche Absicht gemein, unterscheidet sich aber darin, dass hier nicht mehr von der Bewegung des Subjekts zum Objekte hin die Rede ist.

Das „Finden" — nach Paul (a. a. O. S. 140) das Resultat eines Suchens oder das zufällige Stossen auf einen Gegenstand — kann ferner der Grundbegriff sein, an den wir anknüpfen müssen. Wurde bei dem Gebrauch dieser Verben mehr an den „Zustand" gedacht, in dem das Objekt sich dem Finder darbot, als an die „Handlung" des Findens, so tritt die Wahrnehmung des Objektes in den Vordergrund des Bewusstseins. Und auch hier können wieder Gesicht, Gehör oder Gefühl diese Wahrnehmung vermitteln. — — — Und schliesslich haben wir von ganz konkreten Begriffen den Ausgangspunkt unserer Entwickelungen zu nehmen. Ein körperliches „empfangen", „wegnehmen" oder „in den Händen halten" wird auf geistige Dinge oder auf die Empfindungen der Sinne übertragen. Ein solches Verb kann dann als Bezeichnung einer Gesichtswahrnehmung solche weitere Entwicklungen zeigen, wie sie sich im Laufe der Betrachtung immer wieder darboten, es kann als Ausdruck der willkürlichen und unwillkürlichen Thätigkeit der Augen, der Bewachung, der Verteidigung, des Angriffs etc. dienen.

Dieses sind in kurzer Skizze die Bedeutungsentwickelungen, denen wir bei unserer Untersuchung stets wieder begegnen werden. Die Vorstellungsverknüpfungen, die wir bei den Verben, die primär zum Ausdruck einer Gesichtsempfindung gebraucht werden, antreffen, decken sich, wie wir sehen, zum grossen Teile mit denen, welche die „sekundären" Verben aufweisen, der Sachlage entsprechend natürlich in umgekehrter Reihenfolge. Hieraus ist ein Schluss zu ziehen. Wollen wir genau klarstellen, welche Verben in den german. Sprachen zur Bezeichnung der Gesichtsempfindung Verwendung finden können, so muss die Untersuchung noch viel weiter sich erstrecken, als es mir in dieser Arbeit möglich war. Dann müssen nicht nur die Verben der Gesichtsempfindung, dann müssen auch alle die Verben herangezogen werden, in deren Vertretung ein Wort zur Bezeichnung der Gesichtsempfindung okkasionell gebraucht wird. An der Hand dieses reichen Materials würden sich dann wohl bestimmte Bedeutungsentwickelungen für die Ausdrücke der Gesichtsempfindungen aufstellen lassen, und von hier aus vielleicht auch Rückschlüsse auf die ursprüngliche Bedeutung der ihnen zu Grunde liegenden Wurzeln zu ziehen sein. Hiermit würden aber der Etymologie durch den Nachweis, dass das lautlich Identische, jedoch anscheinend verschiedenen Begriff zum Ausdruck Bringende irgendwie doch begrifflich zusammenhängt (Bechtel a. a. O. Vorwort, S. XIII), sichere Handhaben geboten. Denn selbst dieser kurze Ueberblick zeigt schon, wie eine Vorstellung an die andere sich anreiht, und welche einander widersprechende Bedeutungen schliesslich dieselben Wortgruppen je nach ihrem Zusammenhange vertreten können. Ich greife willkürlich einige Beispiele heraus. Neben dem „angreifen" steht das „verteidigen", neben dem „hoffen" das „fürchten", neben dem „zeigen" das „verbergen" etc. Eine Vorstellung löst die andere aus, und jedesmal wird, im Vertrauen auf das Verständnis durch die Art des jeweiligen Gebrauchs, nach dem „Prinzip des geringsten Kraftaufwandes" nur ein Teil der Vorstellung sprachlich wiedergegeben, sodass endlich ein Wort, das einst nur in gewissem Zusammenhange diese oder jene Bedeutung haben konnte, dann auch von jeder weitern Bestimmung losgelöst als Bezeichnung der neuen Vorstellung aufgefasst werden kann.

Ich habe in der vorliegenden Schrift, wie ich mir deutlich bewusst bin, nur einige Steine zu einem Werk herbeigetragen, dessen Bearbeitung ebensosehr des Psychologen wie des Linguisten bedarf. Es würde sich aber bei der Vollendung desselben er-

geben*), „dass es eine allgemeine Verschiebung, Assimilation und Dissi-
milation, Verengerung und Zerdehnung, Verdichtung und Verflüchti-
gung im Reiche der Wortbedeutungen und der daran hangenden
Begriffe gibt, wie solche Vorgänge im Reich der Laute und Formen
bereits nachgewiesen sind, wenn auch, der Natur der Sache nach,
Gesetze hier noch schwerer zu finden und Ausnahmen davon noch
häufiger sein werden als dort. Durch gruppierende Zusammen-
fassung und geschichtliche Ordnung solcher Erscheinungen wird
die Etymologie die Grundlage einer eigentümlichen „Logik" (Mytho-
logie, Metaphysik) der Sprache überhaupt und der einzelnen Völker-
sprachen legen und durch eine immer vollständigere Geschichte
der Sprache die wichtigsten Beiträge liefern zur allgemeinen und
speziellen Kulturgeschichte."

Und nun noch einige Bemerkungen über die von mir zu dieser
Arbeit benutzten Ausgaben und Glossarien, über die Anordnung
des Materials und über die Beschränkungen in der Ausarbeitung.

Die Ausgaben und Glossarien sind folgende: Wulfila in der
Ausgabe von Bernhardt und das Glossar von Schulze, die
Sæmundar Edda in der Ausgabe von Bugge, das Glossar von
Gering und zur Vergleichung das Icelandic-English Dictionary
von Cleasby-Vigfusson, die Beówulf-Ausgabe von Heyne (5. Auflage) sammt Glossar und Greins „Sprachschatz", zum Heliand
die Ausgabe von Sievers und das Glossar aus der Heyne'schen
Ausgabe, zu Otfrid die Ausgabe von Erdmann und die Glossarien
von Piper und Kelle. Den Tatian zitiere ich nach der Ausgabe
von Sievers. In der Schreibung der angeführten Quellenbelege
weiche ich ein wenig von meinen Vorlagen ab. Im Got. bediene
ich mich der von Braune in seiner gotischen Grammatik einge-
führten Schreibweise mit Hinzufügung der Längezeichen. In der
Edda zitiere ich die Stellen zwar nach der Zählung Bugges, aber
in der Orthographie folge ich Jónsson. Im Heliand führe ich
die Stellen nach dem Cottonianus in der Sievers'schen Ausgabe
an und füge noch die Längezeichen hinzu, und das Letztere ist
auch der Fall bei Otfrid.

---

*) L. Tobler. Versuch eines Systems der Etymologie (Zeitschrift f. Völker-
psychologie, Bd. 1. S. 356).

Die vorliegende Arbeit umfasst bei dem sich reich darbietenden Material nur das erste Kapitel des ersten Teils, d. h. sie behandelt von den Bezeichnungen der Sinnesempfindungen nur die Ausdrücke für die unwillkürliche und willkürliche Thätigkeit der Augen. Die Kausativa, d. h. „sehen machen, zeigen" etc., sowie die Betrachtung dessen, was gesehen wird, der „Farbenbezeichnungen, leuchten" etc. werden zunächst die weiteren Ergänzungen bilden, und hieran wird sich ferner eine Zusammenstellung der für das Sinnesvikariat (J. Grimm, a. a. O.) in Betracht kommenden Ausdrücke anzuschliessen haben.

Innerhalb der schon angegebenen Einteilung habe ich in der Aufeinanderfolge der Verben die alphabetische Ordnung eingehalten. Nur dort, wo die etymologische Zusammengehörigkeit gesichert schien, habe ich die derselben Wurzel entstammenden Wörter auch zusammengestellt. Bei der Behandlung der einzelnen Verben beginne ich mit der Klarlegung der Bedeutung, die mir nach meinem gesammelten Material für das German. als Grundbedeutung erscheint, d. h. ich beginne mit der Bedeutung, welche die meisten Vertretungen in den in Betracht kommenden Werken aufzuweisen hat. Die Befolgung dieses Prinzips hat freilich auch einen Nachteil; denn sie zwingt mich, bei Verben wie z. B. *haldan und *mundôn, die augenscheinlich eine gleiche Entwickelung gehabt haben, von ganz verschiedenen Grundbegriffen auszugehen, das eine Mal die Gesichtsempfindung als primär, das andere Mal als sekundär aufzufassen. Von dem auf diese Weise festgestellten Grundbegriffe aus versuche ich dann die nach verschiedenen Richtungen sich erstreckenden Begriffsdifferenzierungen mit einander in Verbindung zu bringen.

Die gewählte Anordnung: Gotisch, Altisländisch, Angelsächsisch, Altsächsisch und Althochdeutsch halte ich stets inne. Wenn eine dieser Sprachen für die Behandlung eines Wortes oder für diese oder jene Bedeutungsentwickelung nicht in Frage kommt, so schliesse ich in der Betrachtung die in der angegebenen Anordnung nächstfolgende Sprache an.

In der Ausarbeitung meines gesammelten Materiales habe ich mir Beschränkungen auferlegen müssen. Bei den Verben, die ursprünglich im German. eine Gesichtsempfindung bezeichnen, ende ich mit einer kurzen Übersicht der weiteren Entwickelungen, und bei

den Verben, die den Begriff des „Sehens" erst sekundär entwickelt
zu haben scheinen, beginne ich mit der Feststellung des Grundbegriffes und der zunächst daran sich anschliessenden Bedeutungen.
In beiden Fällen nun würde es mich zu weit geführt haben und
über den Rahmen meiner Arbeit hinausgewachsen sein, wenn ich
in breiter Ausführlichkeit alle Entwickelungen verfolgt hätte. Ich
begnüge mich jedesmal mit einer kurzen Skizze. Ferner kann es
hier nicht meine Aufgabe sein, wie ein Wörterbuch alle in den
Denkmälern vorkommenden Stellen aufzuzählen. Ich habe mein
Material nach den verschiedenen Bedeutungsentwickelungen ge-
ordnet, und aus diesen Gruppen führe ich zum Belege der einzelnen
Differenzierungen je eine oder zwei Stellen aus den hiefür in Betracht kommenden Dialekten an.

Und noch eine weitere Beschränkung, die mir gleichfalls die
Fülle des vorhandenen Materials aufzwang. Ausgeschlossen wurden
vorläufig diejenigen Verben, die ein „sehen" nur im übertragenen
Sinn bezeichnen. Falls jedoch, wenn auch augenscheinlich nur
ganz okkasionell, ein Verb einmal zur Bezeichnung einer konkreten
Gesichtswahrnehmung Verwendung fand, so ward dieses zur Betrachtung auch herangezogen.

Zum Schlusse muss ich noch dankbar der wesentlichen Dienste
gedenken, die mir sowohl in der Formulierung der einzelnen Bedeutungen, wie in der Anordnung der Bedeutungsentwickelung das
Deutsche Wörterbuch von Hermann Paul geleistet hat.

I.

Verba, die primär eine Gesichtsempfindung bezeichnen.

Germ. *gaumjan (got. gaumjan, altisl. geyma, ags. gŷman,
alts. gômean, ahd. goumen).

Um für das Urgerm. die Grundbedeutung zu ermitteln, stelle
ich den Gebrauch dieses Verbs in den verschiedenen Sprachen
einander gegenüber. Das Gotische hat die meisten Vertretungen
desselben aufzuweisen, und zwar Stellen, wo es, rein absolut gebraucht, die Fähigkeit zum Sehen bezeichnet, das „sehen können",
und Stellen, wo das Verb in der Bedeutung einer unwillkürlichen
und willkürlichen Wahrnehmung Verwendung findet. Den Nebenbegriff angestrengter Aufmerksamkeit hat dort das Verb nur an
einer Stelle (1. Tim. IV, 13), und zwar in übertragenem Sinne.
Dagegen tritt in den übrigen germanischen Sprachdenkmälern
meistens die Vorstellung hinzu, dass die Augen zu irgend einem
Zwecke auf das Objekt gerichtet werden. Und da nicht wohl anzunehmen ist, dass dieser Nebensinn sich in den einzelnen Sprachen
unabhängig von einander so gleichmässig entwickeln und die Bedeutung, die das Verb in der Mehrzahl der Fälle im Got. hat,
ganz verdrängen konnte, so müssen wir auch wohl für das Urgerm. annehmen, dass *gaumjan nicht nur eine Gesichtswahrnehmung
bezeichnete, sondern dass sich zugleich damit der Nebenbegriff
angestrengter Beobachtung verband.

Im Gotischen, von dem ich bei der Betrachtung dieses Verbs
ausgehen will, kann dasselbe so sehr den Wert eines einfachen
Ausdrucks für Gesichtsempfindung haben, dass es entweder, wie
z. B. Luc. XVII, 14 *Jah gaumjands qaþ du im* (ἰδεῖν) und ebenso
Matth. IX, 11 und Luc. V, 8 das „sehen" κατ᾽ ἐξοχήν bedeutet, oder
aber, dass es sogar ganz absolut gebraucht sich vorfindet zur Be-

1

zeichnung der Fähigkeit, sich der Augen zu bedienen, in dem Sinne unsers „sehen können". Hierfür giebt Joh. XII, 40 den Beleg: *gablindida izê augôna jah gadaubida izê hairtôna, ei ni gaumidêdeina augam.* Hieran schliesst sich dann der Gebrauch des Verbs zur Bezeichnung der unbeabsichtigten Wahrnehmung eines Objektes, so z. B. Joh. IX, 1: *gaumida mann blindamma us gabaurþai (ἰδεῖν)* oder Luc. XVII, 15: *iþ ains þan izê gaumjands þammei hrains warþ* etc. Zur Konstatierung einer beabsichtigten Wahrnehmung, aber ohne den Nebenbegriff der angestrengten Thätigkeit des Gesichtssinnes, wird das Verb dann verschiedentlich gebraucht, z. B. Joh. VI, 5, wo es ϑεᾶσϑαι übersetzt: *þaruh ushôf augôna Jésus jah gaumida þammei manageins filu iddja du imma,* oder Marc. XVI, 4 als Wiedergabe von ϑεωρεῖν: *jah insaihvandeins gaumidêdun þammei afwalwiþs ist sa stains,* oder Matt. VI, 5 (hier überträgt das Mediopassivum von *gaumjan* das griech. φαίνειν) *ei gaumjaindau mannam.*

Den Nebenbegriff angestrengter Aufmerksamkeit hat das Verb bei Wulfila, wie schon erwähnt, nur 1. Tim. IV, 13: *Gaumei saggwa bôkô.* Aber diese Stelle, wenn auch dort *gaumjan* nur in übertragenem Sinne gebraucht wird, zeigt doch, dass es auch im Got. die Bedeutung „etwas aufmerksam beobachten" gehabt haben muss. Von diesem Begriff scheinen wir bei der Betrachtung des Gebrauchs von *gaumjan* in den übrigen Dialekten nun ausgehen zu müssen. Und zwar hat die Beobachtung den doppelten Zweck, dass erstens das bewachte Objekt nicht entflieht, und zweitens, dass es nicht angegriffen wird. Hierfür bietet Hel. 389 einen Beleg: *uueros an uuahtu | muiggeo gômean* und ebenso Otfr. I, 13, 14, wo gleichfalls von den Hirten bei der Verkündigung der Engel die Rede ist: *thaz thie engila in irougtun, | thâr sie thes fehes gouuntun.* Das „Wache halten" geschieht dort, wo von einem Entfliehen des Objekts nicht die Rede sein kann, um es vor Nachstellung zu schützen, z. B. Hel. 5756/8: *Nû thû hier uuardon hêt | obar them grabe gômian, | that ina is iungron thâr | ne farstelan an themo stêne.* In der Edda ist *geyma* nur Fspl. 2, 5/6 vertreten: *Óþrærir skyldi | Urþr geyma,* und hier ist es zweifelhaft, ob von einem „bewachen" oder einem „Sorge tragen" die Rede ist. Für beide Bedeutungen führt Vigf. vielfach Belege aus der spätern Prosa an.

Den Übergang zur Verwendung des Verbs in übertragenem Sinne bilden solche Fälle, wo die Thätigkeit der Augen zugleich eine geistige Wahrnehmung veranlasst, wie z. B. Skeir. VII, 23: *jah anþarans gamaudida gaumjan þatei is was sa sama saei in auþidai · m · jêrê attans izê fôdida.* Dann tritt die geistige Wahrnehmung so in den Vordergrund, dass *gaumjan* im Gegensatze zu *saihvan,* dem körperlichen „sehen", das geistige „erkennen" bezeichnet: Matth. IV, 12 *ei saihvandans saihvaina jah ni gaumjaina.* Der griechische Text stellt hier ίδεῖν dem βλέπειν gegenüber.

Andererseits hat das „richten des Geistes auf etwas" zur Voraussetzung, dass wir an der Sache ein Interesse nehmen, dass wir uns etwas „angelegen sein lassen". In dieser Bedeutung ist das Verb verschiedentlich bezeugt. Hierher gehört z. B. Beów. 2452/4: *ôðres ne gŷmeð | tô gebîdanne | burgum in innan | yrfeweardas* oder V. 1761; Hel. 2508/9: *Sus duot sia megisundiun | an them mannes hugie | thia guodes lêra | ef hie is ni gômit uuell* und Otfr. V, 25, 13/14: *nub ih thes scolti goumen, | thaz ih al dâti, | thes karitâs mih bâti.*

Luc. VI, 41/42 bietet der griech. Text drei verschiedene Verben der Gesichtswahrnehmung, die alle von Wulfila durch *gaumjan* wiedergegeben werden. Im ersten Falle hat das Verb nur die Bedeutung des zufälligen Gewahrens, und Luther übersetzt auch βλέπειν durch „sehen": *hva gaumeis gramsta in augin brôþrs þeinis.* Dann vertritt *gaumjan* κατανοεῖν, das mehr eine geistige Wahrnehmung bezeichnet und von Luther durch „wahrnehmen" wiedergegeben wird: *iþ anza in þeinamma augin ni gaumeis* — und schliesslich dient es zur Übertragung von διαβλέπεσθαι: *jah þan gaumjais uswairpan gramsta þamma in augin brôþrs þeinis.* Hier haben wir wieder die schon erwähnte Bedeutung „sich etwas angelegen sein lassen", nur mit der Erweiterung, dass dieses Interesse auch die nachfolgende Handlung verursacht. In derselben Bedeutung ist das Verb z. B. auch Hel. 2864/5 belegt: *endi hiet sea gômean uuel, | that thiu lêba thâr | forloran ni uurdi.* Hel. V. 4149, wo von Kaiphas die Rede ist, heisst das „Sorge tragen für das Gotteshaus" so viel wie „das Priesteramt verwalten": *that hie thes godes hûses | gômian scolda* — und bei Otfr. I, 8, 20 ist *goumen* ebenfalls die kurze Bezeichnung aller Pflichten, die Joseph Maria gegenüber erfüllen soll: *kundt er imo in droume, | er thes wibes wola goume* — und ebenso auch I, 21, 4, wo Joseph für das Kind sorgen soll.

Ein „Sorge tragen“ für das leibliche Wohl der Gäste wird zu „bewirten“: Hel. 2064/5: *mid thius scoldis thu ûs hindag ér gebon endi gômean*. In diesem Sinne ist das Verbum nur an dieser Stelle verwendet, obgleich das Substantiv alts. *gôma*, ahd. *gouma* hauptsächlich nach dieser Richtung der Bedeutung sich entwickelt hat.

Der Doppelsinn des nhd. „besorgen“, d. h. einerseits „für etwas Sorge tragen“, andererseits „eine Unruhe empfinden über etwas gegenwärtiges oder zukünftiges“ hat nur das ags. *gŷman* und zwar Béow. 1758: *egesan ne gŷmeð*.

ahd. *bi-goumen*.

Dieses Kompositum ist nur Otfr. III, 17, 67/8 einmal vertreten. Es ist die eigene Persönlichkeit, die beobachtet werden soll, um sie an irgend einer Handlung zu hindern: *nû gank thû frammort inti sih, | thaz thû bigoumês iamêr thir | thaz thû ni suntôs furdir*.

ags. *for-gŷman*.

Die Partikel *for-* giebt im Ags. dem Verbum eine negative Bedeutung. Wenn das Simplex *gŷman* dort den Sinn „etwas bewachen“ hat, so ist für *forgŷman* die Bedeutung „etwas aus den Augen lassen, vernachlässigen“ anzusetzen. Hierfür bringt Beów. 1751,2 den Beleg: *ond hé þâ forð-gesceaft | forgyteð ond forgŷmeð*.

alts. *gi-gômean*.

Im Hel. (V. 2561/3) entfernt sich das Kompositum in der Bedeutung „verhüten“ nicht weit von dem oben belegten Simplex „Sorge tragen für etwas“: *huand gi biuuard n ni mugun, | gigômean an iuuuon gange | thoh git it gerno ni duan, | ni gi thes cornes te filo | kitho auuardiat*. Nur verengert es hier die Bedeutung, da ja hier nur Sorge! dafür getragen werden soll, dass ein befürchtetes Ereignis nicht eintritt.

Weitere Komposita sind in den hier in Betracht kommenden Werken nicht vorhanden. Das Got. besitzt überhaupt keine sonstigen Vertreter dieser Sippe. Im Altisl. haben die zu derselben Wurzel gehörigen Wörter, wie z. B. *geyminn* = vorsichtig, *geymsla* = Wache etc., die Bedeutung, von der wir bei unserer Untersuchung ausgegangen sind. Das Ags. hat neben dem Adjektiv *gŷmeleás* =

negligens und *incautus* auch das Subst. *gŷmen*. Dieses weist, wie lat. *cura* oder deutsch „Sorge", die beiden Bedeutungsschattierungen auf, die uns bei der Betrachtung des Verbs im Ags. schon begegnet sind. Im Alts. vertritt *gôma* nur noch ein „Sorge tragen für die Gäste". Im Singular bedeutet das Substantivum eine „Bewirtung" im allgemeinen, im Plural wird es auf den Begriff eines „Gastmahls" eingeschränkt. Bei Otfr. hat *gouma* in der syntaktischen Verbindung *gouma nëman* noch die für das Germanische angesetzte Grundbedeutung bewahrt. Das Subst. an und für sich bezeichnet auch im Ahd. erstens die „Besorgung des Gastes", d. h. die „Bewirtung", dann aber wird es, wie im Alts., auf die Bedeutung „Gastmahl" beschränkt, .und schliesslich verwendet es Otfr. sogar zur Bezeichnung dessen, was gegessen wird, nämlich der „Speise".

Germ. *haldan* (got. *haldan*, altisl. *halda*, ags. *healdan*, alts. *haldan*, ahd. *haltan*).

Welches die ursprüngliche Bedeutung dieses Verbs im Urgerm. ist, scheint schwer zu entscheiden. Man kann sich der Annahme zuneigen, dass aus der Vorstellung „etwas durch physische Kraft festhalten" sich ein „mit den Augen festhalten" entwickelte. Eine solche Bedeutungsverknüpfung würde dann ja auch gut zu der für urgerm. *sëhwan* angesetzten Verwandtschaft passen. Dort müsste ja ein „folgen" des Körpers, um schliesslich zur Bezeichnung der Gesichtsempfindung zu werden, occasionell nur als ein „folgen" der Augen aufgefasst worden sein. Andererseits muss für mich hier bei der Ansetzung der primären Bedeutung eines Wortes im Urgerm. massgebend sein, in welcher Weise dieses Wort in den in Frage kommenden Stellen am meisten Verwendung findet.

Im Got. übersetzt nun „haldan" nur ποιμαίνειν und βόσκειν. In der Edda hingegen ist das Verbum häufiger in der Bedeutung von *tenere* als von *custodire* vertreten, im Béow. ist jedoch wieder das Umgekehrte der Fall. Auch im Hel. lassen sich die meisten in Frage kommenden Stellen besser durch *custodire* übersetzen, und die gleiche Bedeutung muss man ebenfalls bei Otfr. sowohl

beim Simplex, wie beim Kompositum in den meisten Fällen vor-
ziehen. Aus diesen Gründen gehe ich bei der Betrachtung des
Verbs von der Bedeutung „etwas mit den Augen festhalten" aus,
sei es, dass das bewachte Objekt am Entfliehen gehindert, oder dass
es vor Gefahren geschützt werden soll. In dem absoluten Gebrauche,
wie das Verb sich bei Wulf. und Otfr. findet, begreift das Verb
diese beiden Zwecke in sich. Das unerwähnte, bewachte Objekt
ist das Vieh. Im Got. kommen hier drei Stellen in Betracht:
Luc. XVII, 7: *has þan izwara skalk aigands arjandan aiþþau hal-
dandan*, ferner Matth. VIII, 33, und Luc. VIII, 34. Aber auch dort.
wo *haldan* bei Wulf. mit einem Objekt verbunden ist (z. B. Marc. V,
11, 14, Luc. XV, 15 etc.) ist das Bewachte immer nur das Vieh.
Bei Otfr. findet sich *haltan* zweimal absolut stehend: V, 20, 32:
só hirti, ther thár heltit | joh sines fehes weltit und I, 12, 1; auch in
der Edda ist *halda* H. H. II, 22, 1.2 einmal in der gleichen Bedeutung. nur in Verbindung mit einem Objekte, belegt: *Fyrr
mundu, Guþmundr, | geitr um halda*. In den übrigen Stellen, wo
haldan in der Bedeutung „bewachen" verwandt wird, soll jedoch
das leblose Objekt, das bewacht wird, nicht am Entfliehen „gehindert", sondern nur vor einem Angriff „geschützt" werden, z. B.
Beów. 229 30: *weard Scildinga | sê þe holm-clifu | healdan scolde*, oder
Otfr. IV, 36, 9: *Nú heiz thes grabes waltan, | for jungarôn sînên haltan*.
Bei Otfr. H. 165 (*Krist halte Hartmuatan*) soll Christus indessen
nicht nur den Freund vor einem Angriff „schützen", sondern überhaupt für ihn „Sorge tragen". In der gleichen Bedeutung ist das
Verbum z. B. auch Beów. 2431 vertreten: *heóld mec ond häfde
Hréðel cyning*. Das „Sorge tragen" für ein Kind ist dann Hel. 385
gleichbedeutend mit der „Pflege" desselben: *held that hélaga barn*.
Ferner nimmt man dem Objekte gegenüber, mit dem man sich
beschäftigt, einen bestimmten Standpunkt ein, man „hält es für
etwas". Hierfür findet sich Hel. 447/8 ein Beleg: *Uuas iro uuilleu
mikel | that sia ina só hêlaglico | haldan muosti*.
 Über das beschützte Objekt wird aber auch ein Recht erworben. Eine Gegend „bewachen" heisst Beów. 103 zugleich, sie
für sich „besetzt halten", sie „bewohnen": *mære mearc-stapa, | sê þe
móras heóld*. Wer den Herrscherstuhl „besetzt hält", der „herrscht".
z. B. Beów. 2390: *lét þone brego-stól Beówulf healdan* oder Hel. 365:
haltan hôhgisetu, und wer ein Land „bewacht", um es zu „be-

schützen", der ist dessen Herrscher, z. B. Béow. 1853/4 *gif þu healdan wylt | mâga rîce.*

Hǫv. 29, 4/6 wird die Zunge bewacht, um sie am Enteilen zu hindern: *hraþmælt tunga, | nema haldendr eige, | opt sér ógótt um gelr.*
Das „im Auge behalten" eines Eides, eines Gesetzes oder eines Wortes veranlasst die „Ausführung" desselben, z. B. Grp. 31, 1/4: *Iþ monoþ alla | eiþa vinna | fullfastlega | fâ monoþ halda* oder Hel. 1416: *than sia thena aldan êu | erlos heldun,* oder Otfr. III, 18, 21: *Giwisso wizît ir thaz: thie haltent wort minaz,* und das „im Auge behalten" eines Festtages wird zum „feiern", z. B. Hel. 4202: *that sia scoldin haldan | thia hêlagan tîdi,* oder Otfr. III, 20, 63: *thaz sîn unwizzî sô wialt, | thaz er then sambazdag ni hialt.* Wenn man schliesslich ein schweres Geschick „wahrnimmt", so heisst das: man „erleidet" dasselbe. Hierher gehört Beów. 3085: *Heóldon heáh gesceap.*

Aus dem „bewachen" und dem „beschützen" eines Objekts folgt, dass man Gewalt über dasselbe hat, dass man es auch durch physische Kraft „festhalten" kann. Die Bedeutungen „bewachen" und „aufbewahren" finden sich vereinigt: Beów. 2248/9: *Heald þu nú, hrûse, | nú hüleð ne môston, | eorla æhte,* und Otfr. IV, 35, 41: *Erda hialt uns thô in wâr | scazzo diurôston thâr.*

Schliesslich tritt dann die Bedeutung „etwas durch physische Kraft festhalten" ganz in den Vordergrund; z. B. Fm. 27, 8: *oc halt Fáfnes hjarta viþ funa;* Beów. 789: *heóld hine tô fäste;* Hel. 1088/9: *that sia thi at uuigo gihuem | uuardos sindun | haldat thi under iro handon.* Hieran schliesst sich dann einerseits die Vorstellung, dass das, was festgehalten wird, zugleich auch dadurch Unterstützung erfährt, z. B. Beów. 2719/20: *hú þâ stân-bogan | stapulum füste | êce eord-reced | innan heóldon.* Andererseits wird die Bedeutung „Gewalt über etwas haben" abgeschwächt: *healdan* findet im Beów. verschiedentlich Verwendung als Hülfsverb, z. B. Beów. 1031/2: *Ymb þüs helmes hróf | heáfod-beorge | wîrum bewunden | walan ûtan heóld.*

ags. *behealdan,* alts. *bi-haldan,* ahd. *bihaltan.*

In derselben Weise, wie Otfr. IV, 36, 9 *haltan* gebraucht wird (d. h. etwas bewachen, um es vor einem Angriff zu schützen), findet sich Otfr. IV, 36, 21 auch *bihaltan* verwendet: *Sô sie sin mér thô wialtun, | thaz grab ouh baz bihialtun.*

8   *haldan.

Vor einem Angriff wird das bewachte Objekt auch geschützt,
wenn man es verbirgt, und so tritt zu der Bedeutung „etwas
sorgsam bewachen" noch der Nebensinn „es verbergen". Hel.
2517/8: *Sum habit all le thiu is muod gilâtan | endi mêrr sorogot
huô hie that hord bihalde* ist von einem konkreten Objekte die Rede,
während Hel. 830/1 das Verb auf geistige Dinge bezogen wird:
Maria al biheld, | gibarg an iro briostun. Das Part. Prät. in der Be-
deutung „verborgen" ist im Hel. auch mehrere Male belegt, z. B.
V. 540/1: *ac uuas im sô bihaldan forth | mid uuordon endi mid
uuercon.* Was dann im Geiste verborgen wird, fällt nicht der Ver-
gessenheit anheim, es wird im Gedächtnis aufbewahrt, oder, wie
man sich auch heute noch kurz ausdrückt, „es wird behalten," z. B.
Hel. 2532: *that it bihaldan mugi | herta thes mannes.*

Wie beim Simplex entwickelt sich ferner auch beim Kompositum aus dem Schutze, den man dem bewachten Objekte zu
teil werden lässt, die Bedeutung „für etwas Sorge tragen, etwas
pflegen", z. B. Hel. 663/4: *thâr that hêlaga barn | uuonoda an uuilleon
endi ina that uuib biheld.* Andererseits tritt auch hier wieder das
Bewusstsein hinzu, dass man über das bewachte Objekt auch „Gewalt hat", dass man es als sein Eigentum betrachtet: Hel. 5251/2:
Herodes biheld thâr | craftagne kuningdôm. In Beów. 1498/9 gilt
derjenige, der eine Gegend in der Gewalt hat, als der Bewohner
derselben: *Sôna þät onfunde, sê þe flôda begong | heoro-gîfre beheóld,
hund missera.*

Das „im Auge behalten" von Gottes Geboten veranlasst die
Ausführung derselben: Hel. 2087 *that hie hier bihalde ; hebancuninges
gibod,* und das gleiche ist auch der Fall Beów. 494 *þegn nytte
beheóld,* wo das Amt „im Auge behalten" wird. Und schliesslich
kann auch das Kompositum die Bedeutung „etwas erleiden" ge-
winnen: Beów. 737/8 *þrŷð-swyð beheóld | mæg Higelâces.*

ags. *gehealdan,* alts. *gi-haldan,* ahd. *gihaltan.*

Dieses Kompositum ist im Ags., Alts. und Ahd. belegt. Wie
beim Simplex können wir auch hier von „etwas im Auge behalten"
ausgehen. Nur Otfr. verwendet das Kompositum in dem Sinne
von „Vieh hüten", z. B. I, 28, 9: *thaz hirtа sîne uns wartên | inti
unsih io gihaltên,* oder V, 15, 9: *Gihalt mir scâf mînu.* Das „bewachen" des leblosen Objekts geschieht, um es nicht angreifen zu

lassen, z. B. Beów. 675: *ond gehealdan hêt | hilde-geatwe.* Wenn
jedoch der Angreifer schon vorhanden ist, dann wird aus dem
„bewachen" das „schützen", z. B. Beów. 3004/5: *þone þe ær geheóld |
wið hettendum | hord ond rîce,* oder Hel. 2808/9: *hie uuissa that
thiu sêolu uuas | hêlag gihaldan | uuiðar hettendion.*
Infolge der wirksamen Verteidigung wird dann das Objekt
„gerettet". Diese Bedeutung hat *gihaltan* bei Otfr. z. B. III,
26, 28/29: *thaz sîn einen dôtî | al then liut gihialti. | Toh thuruh sînan
einan dolk | wâri al gihaltan ther folk.* Hieran anzuschliessen ist
ferner „etwas aufbewahren, damit es nicht verderbe". Wiederum
findet bei Otfr. dieses Kompositum in konkretem wie abstraktem
Sinne Verwendung, z. B. III, 6, 46/7: *thie brôsmûn thar gilâsin, |
thaz sie gihaldan wurtîn, | joh ouh ni firwurtîn,* oder III, 7, 54/5:
*in bnoh sie iz duent zisamane, | gihaltan thâr zi habanne; | Thaz man
iz lese thâre | gihaltan io bî jâre.*
Wie *bi-haldan, so kann auch *ga-haldan gebraucht werden,
um das „sorgsam aufbewahren im Geiste," das „nicht vergessen"
zu bezeichnen, z. B. Hel. 1803/4: *sô thessa mîna lêra uuili | gihaldan
an is herten,* oder Otfr. Ludw. 63, wo das „eingedenk sein" von
Gottes Geboten zugleich deren Ausführung bedingt: *Gihalt Dâvîd
thuruh nôt | thaz imo druhtin gibôt.*
Ganz der Bedeutungsentwicklung bei *haldan und *bi-haldan
entsprechend, finden wir Beów. 911/2 *gehealdan* in Verbindung mit
einem Objekt in dem Sinne von „etwas beherrschen": *þät þät
þeódnes bearn | geþeón scolde, | fäder-äðelum onfôn, | folc gehealdan* und
in absolutem Gebrauche Beów. 2209/10 in dem Sinne von „herr-
schen": *hê geheóld tela, | fîftig wintra.*
Ausser dem bis jetzt betrachteten Simplex und den zwei
Komposita ist *for-healdan* Beów. 2382 vertreten; dort bedeutet
das Verb „von Einem abfallen, sich empören". Bei Otfr. findet
sich einmal ein Subst. *gihaltnissa.* Es hat an dieser Stelle die Bedeutung „Aufmerksamkeit" oder „Beobachtung" (Otfr. II, 18, 19).

Gèrm. *harên, (altisl. *hara.*)

Im Isländischen ist *hara* nur einmal belegt und zwar Skírn.
28, 1/4: *At undrsjónom þú verþer, | es þú út kemr, | á þik Hrimnir*

hare, | *á þik hotvetna stare.* Der Zusammenhang macht es wahrscheinlich, dass hier das Verb die Bedeutung einer Gesichtsempfindung haben muss. Skírnir verwünscht die Riesin Gerðr: auf einem Hügel sitzend, soll sie von Allen als wunderbare Erscheinung angestarrt werden. Es fehlen weitere Belegstellen für das Verbum, ebenso fehlen auch im Altisl. und den andern altgerman. Sprachen Wörter, an die man zur sichern Feststellung der Bedeutung anknüpfen könnte, denn Zusammengehörigkeit mit got. *hazjan* = loben, und ahd. *harên* = rufen, schreien, scheint aus begrifflichen Gründen zweifelhaft.

--- --- ---

Germ. *hôdjan*, (ags. *hédan*, alts. *huodian*, ahd. *huaten*.)

Hôdjan scheint dieselben Bedeutungsentwicklungen durchzumachen, wie *gaumjan* oder *haldan*, nur ist das Verb nicht so häufig belegt, wie die vorher behandelten Verba. Wir haben auch hier, wie die Verwendung von *hôdjan* im Alts. und Ahd. beweist, von der Bedeutung „etwas zu einem bestimmten Zwecke im Auge behalten" auszugehen. Zur Bezeichnung der Überwachung des Viehes ist das Verb in keinem unserer Denkmäler gebraucht. In dem Sinne von „etwas bewachen, damit es nicht angegriffen werde," ist *huodian* im Hel. an den 3 Stellen, wo es überhaupt vorkommt, immer wieder verwendet, z. B. Hel. 5683: *thia thes hrêuues thâr | huodian skoldun*, oder Hel. 5875/6: *endi thes lichamen thâr huodun thes hrêuues*, und ebenso heisst es auch bei Otfr. z. B. IV, 36, 24: *joh thie thâr huottun ouh thô sîn.*

Ebenso wie *gaumjan* und *haldan*, kann auch *hôdjan* als kurze Bezeichnung aller der Pflichten dienen, die in dem einen oder andern Falle der Beobachter dem beobachteten Objekte gegenüber erfüllt. Aus dem Bewachen einer Persönlichkeit entwickelt sich dann das „für sie Sorge tragen", das „sie pflegen", z. B. Otfr. I, 19, 1: *Joseph io thes sinthes | er huatta thes kindes.* Ferner wird auch *hôdjan*, wie es für *haldan* schon belegt war, nicht nur zur Bezeichnung der Bewachung vor einem Angriff verwendet, sondern es gewinnt auch, wenn der Angreifer schon vorhanden ist, die Bedeutung „etwas vor einem Angriff schützen." Als Beleg

diene Beów. 2698: *ne hêdde hê þüs heafolan.* Und endlich haben
wir auch für *hôdjan* die Entwicklung, dass die Beobachtung von
Gottes Willen gleichbedeutend mit der Ausführung desselben wird:
Otfr. I, 16, 12 *gotes willen huatta | joh thionôst sînaz uabta.*

ags. *ge-hêdan.*

Das Kompositum *gehêdan*, das Beów. 503/5 einmal Verwendung
findet, übersetzt Heyne-Socin in der 5. Auflage des Beów. durch
„erwerben“. In der 6. Auflage wird das Verb jedoch an dieser
Stelle von Heyne-Socin nicht mehr zu *hêdan*, sondern zu *hêgan* =
„ausführen“ gezogen, und *mærðu* in der Bedeutung „Ruhmesthat“
aufgefasst. Mir scheint, dass man unbedenklich an *hêdan* dieses
Kompositum anschliessen kann; nur möchte ich das Verb nicht
durch „erwerben“, sondern durch „besitzen“ wiedergeben, wie denn
die Bedeutungsentwicklung: „etwas bewachen“ > „etwas in seiner
Gewalt haben“ > „etwas besitzen“ auch bei *haldan* und *bi-haldan*
belegt war: *forþon þe hê ne ûðe | þät ænig ôðer man | æfre mærða
þon mâ | middan geardes | gehêdde under heofenum | þonne hê sylfa.*
Inbezug auf den Inhalt sind beide Auffassungen gut möglich. Entweder gönnte Unferð nicht, dass irgend ein anderer Mann Ruhmes-
thaten ausführte, oder er war missgünstig, wenn ein anderer Helden-
ruhm besass.

Germ. *kappên* (ahd. *kapfên*).

Nur bei Otfr. ist dieses Verb an einer Stelle belegt, und
dort muss dafür die Bedeutung „verwundert schauen“ angesetzt
werden. In diesem Sinn findet sich das Verb auch sonst im Ahd. und
Mhd. vielfach verwendet. In Nhd. trat jedoch dafür „gaffen“ ein (vgl.
Kluge a. a. O. S. 124). Bei Tatian ist das Verb überhaupt nicht
vertreten. Otfr. V, 17, 37/38 : *Kapfêtun sie lango | was wuntar
sie thero thingo, | mit hantôn oba thên ougôn, | thaz baz sie mohtîn
scouôn.* Hier handelt es sich um die Jünger, die bei der Himmelfahrt Christi diesem verwundert nachschauen und die, so lange sie
nur können, seinen Weg an den Gestirnen vorbei mit den Augen
verfolgen.

Germ. *kôpên (altisl. kópa).

Auch dieses Verb, das zum Vorigen ohne Zweifel im Ablauts-
verhältnis steht, ist nur einmal in der Edda vertreten. Aus der
isländ. Prosa führt dann Vigfusson noch ein weiteres Beispiel an.
An beiden Stellen ist von dem neugierigen Schauen des Toren
die Rede. Hier in der Edda wird dieser geschildert, wie er zu
einem Gastmahle kommt, unthätig dasteht und gafft oder etwas
vor sich hin murmelt. Das Verb scheint also in der Bedeutung
mit unserm „gaffen" ziemlich identisch zu sein. Die in Betracht
kommende Stelle findet sich Hóv. 17, 1/2: *Kóper afglape, | es til
kynnes kemr.*

Germ. *lôkôn, *lôgên (ags. lôcian, ahd. luagên).

Das Verb findet sich im Ags. und Ahd., und zwar im Beów.
nur einmal verwendet und auch bei Otfr. nur spärlich gebraucht.
Bei so beschränktem Material muss es zweifelhaft bleiben, von
welcher Grundbedeutung wir auszugehen haben. Für Beów. 1653/5
haben wir als Bedeutung „etwas in Augenschein nehmen" anzu-
setzen: „*Hwät! wê þê þâs sæ-lâc, | sunu Healfdenes, | leód Scyldinga, |
lustum brôhton, | tires tô tâcne, | þe þû hêr tô lôcast.* Bei Otfr. ver-
bindet sich mit der Bedeutung „den Blick auf etwas richten" noch
die Vorstellung, dass mit dieser eine besondere Aufmerksamkeit
des Schauenden verbunden sei. Zweimal verwendet er das Verb
auch absolut, in Verbindung mit einem Adverbium des Ortes: Otfr.
V, 7, 12 *ni suahta siu thâr thes thiu min, | luagêt avur thô thârin;*
Otfr. V, 18, 1 *Unz sie thâr thô stuantun, | thârafter luagêtun,* und
in gleichem Sinne ist *luagên* V, 7, 7 in Verbindung mit der Präposition *in* c. acc. vertreten.

In übertragener Bedeutung vertritt *luagên* bei Otfr. V, 25, 67
„die geistigen Blicke richten": *Luagênt io zemo argen, | thaz sie
genaz* (d. h. *thaz guata*) *bergen.* Der Dichter spricht hier von
den missgünstigen Lesern, die immer nur bei einem Werke ihr
Augenmerk auf das Böse richten, das Gute jedoch in den Hintergrund stellen. Für II, 12, 93/4 gehen die Auffassungen bei Erdmann und Kelle auseinander. Für den Erstern liegt in *luagên* ein

„ausspähen", während Kelle es durch „im Geiste erblicken" übersetzt. Die fragliche Stelle ist allerdings ein wenig dunkel: *Bi thiu,
thaz sînêr scîmo | ni meldo dâti sîno; | thaz er iz zi imo fuage, | thes
scaden wiht ni luage.* Hier ist von dem bösen Menschen die Rede,
der das Licht scheuen muss, weil durch dieses seine Schandthaten
verraten werden und ihm dann die Strafe in Aussicht steht. Ich
persönlich möchte mich der Kelle'schen Meinung anschliessen, da ein
„erblicken" des Unheils vielfach das „erleiden" desselben umschreibt,
und da wir dieser Bedeutungsverknüpfung häufig bei den Verben
der Gesichtsempfindung begegnen (s. *haldan, *bihaldan).

ahd. *ir-luagên.*

Wenn *luagên* ein „aufmerksam die Blicke richten" bedeutet,
so liegt in *ir-luagên* die Vollendung dieser Handlung, d. h. „das
erspähte Ziel mit den Augen erreichen." Dahin gehört Otfr. V,
17, 39 *Sie irluagêtun nan kûmo | zi jungist filu rûmo,* während in
dem Verb II, 12, 51/2 nicht die Vorstellung eingeschlossen erscheint, dass die Augen zu diesem Zwecke besonders angestrengt
wurden: *Nist, ther in himelrîchi queme | ther geist joh wazar nan
nirbere, | ther scôni sîna irluage | thaz er sih thara fuage.*
In den beiden folgenden, noch in Betracht kommenden Stellen
ist mit dem „erblicken" noch ein „kennen lernen" von etwas vorher
nicht Gekanntem verbunden. Otfr. V, 6, 8 *irluagêtun bî nôti | thie
selbun kristes dôti* kann man noch die sinnliche Wahrnehmung als
hauptsächlich hervortretend auffassen. Jedoch Otfr. V, 6, 24 *ir-
luagêtî thia fruma thâr* tritt diese gegenüber dem „erkennen durch
den Geist" in den Hintergrund.

Germ. *sëhvan (got. *saihvan,* altisl. *sjá,* ags. *seón,* alts. *sehan,*
ahd. *sehan*).

Wenn im German. noch das Gefühl für die einstige Bedeutung
dieses Verbs lebendig gewesen wäre (dies natürlich unter der
Voraussetzung, dass *sëhvan überhaupt auf die idg. Wurzel *sek'*
folgen, zurückzuführen sei), so müsste es in erster Linie eine absichtliche Thätigkeit der Augen ausdrücken, und „unbeabsichtigt,

zufällig gewahr werden" könnte erst sekundär daraus entstanden
sein. Aber in den hier in Betracht kommenden german. Sprachen
dient *selvan in den weitaus meisten Fällen zur Bezeichnung der Gesichtsempfindung κατ' ἐξοχήν. Alle übrigen Bedeutungen, „schauen,
betrachten, beobachten" etc., treten dieser gegenüber in den
Hintergrund.

Es ist infolge dessen auch natürlich, dass *selvan die meisten
Fälle absoluten Gebrauchs aufweist. Bei Wulfila, in der Edda,
bei Otfrid ist das Verb verschiedentlich belegt als Bezeichnung
der Fähigkeit zum Sehen. Aus der Fülle von Stellen, die speziell
bei Wulfila — immer als Übersetzung von βλέπειν — sich finden,
hebe ich nur einige heraus, z. B. Joh. IX, 25: þat ain wait ei blinds
was, iþ nu saihva, oder Joh. IX, 39: ei þai unsaihvandans saihvaina
jah þai saihvandans blindai wairþaina etc. In der Edda wird Rm.
23, 5/6 sjá ebenfalls in diesem Sinne verwendet: þeir sigr hafa
es séa kunno, und auch bei Otfr. findet sich III, 20, 44 sëhan in
ähnlicher Weise, nur in Verbindung mit mugan: joh wer thir dáti
thia maht, | thaz thu sô scôno sehan maht.

Hier, wie an den übrigen Stellen bei Otfr., die für die Bedeutung „sehen können" in Betracht kommen, wird gleich dem
in der Vulgata absolut gebrauchten lat. videre zu sëhan noch ein
Adverb der Art und Weise hinzugesetzt, z. B. III, 20, 43: wio sihist
thû sô zioro oder III, 20, 116 nû sihuh afur scôno etc. Im Got.
und Ahd. findet sich ferner auch das Part. Präs. absolut gebraucht,
wie z. B. Joh. IX, 7: jah qam saihvands oder Otfr. III, 24, 78: then
blinton deta sehentan beweisen mögen.

Ausser diesen kurz betrachteten Fällen sind diejenigen ge-
sondert anzuführen, wo die Übersetzer und Poeten *selvan zwar
absolut gebrauchen, wo jedoch für unser Gefühl das Objekt nur
verschwiegen ist. Denn hier ist nicht mehr von der Fähigkeit des
„Sehens" die Rede, sondern hier handelt es sich um eine Gesichtsempfindung in bezug auf ein Objekt. Aus dem Got gehört hierher:
Marc. IV, 12: ei saihvandans saihvaina jah ni gaumjaina, und Luc.
VIII, 10: iþ þaim anþaraim in gajukôm, ei saihvandans ni gasaihvaina.
Luther setzt jedesmal ein Objekt hinzu. In der Edda kann Só-
larlj. 23, 5/6 sjá auch in dem Sinne unseres „zuschauen" gebraucht
sein: en dróttenn sá | heilagr himnum af, und die gleiche Bedeutung
kann sëhan auch bei Otfr. III, 2, 32 gehabt haben: gesterên, sô sie

sâhun, | *thô ward er ganzêr gâhûn.* Hóv. 111, 4/6 spricht jedoch
Oðinn nicht von sich als einem Zuschauer, sondern er beobachtet
und knüpft daran seine Gedanken: *sák ok þagþak,* | *sák ok hugþak,* |
hlýddak á manna mál.

Ein absichtliches Sehen liegt da vor, wo **sëhvan* mit einem
Adverbium des Ortes verbunden ist, z. B. Luc. IX, 62: *ni manna
uslagjands handu seina ana hôhan jah saihvands aftra gatils ist,*
oder Vkv. 23/4: *open vas illúþ* | *es þeir í sọ́,* oder Beów. 1423/4:
Flôd blôde weól | *(folc tô sægon)* | *hâtan heolfre,* oder Hel. 4090/1:
Thuo sah thie hêlago Crist | *up mid is ôgon.* Hier überträgt der
Dichter den ihm aus Joh. XI, 41 vorliegenden Ausdruck: *elevatis
oculis.* Otfr. folgt III, 24, 69 viel wörtlicher derselben Vorlage:
huab thiu ougun ûf zi himile, während er IV, 15, 61 gleich dem
Hel. dichtet: *Ûf zi himile er thô sah,* obgleich auch hier Joh.
XVII, 1 im Latein. *sublevatis oculis* stand.

Ferner hat **sëhvan* die Bedeutung einer beabsichtigten Wahrnehmung dort, wo zu einer Besichtigung aufgefordert wird. Im
Grunde genommen ist dann der folgende Satz das Objekt. Im
Got. ist hier Joh. XI, 34 zu erwähnen: *frauja, hiri jah saihv* (ἰδεῖν),
und im Altisl. Gðr. III, 9, 4/7: *sê nú, segger,* | *sýkn emk orþen* |
heilaglega. — Aber auch ohne eine solche Aufforderung kann
schliesslich im Got. *saihvan* in dem Sinne von „(aufmerksam) zuschauen“ Verwendung finden. Für diese Bedeutung kommen zwei
Stellen in Betracht: Matth. XXVII, 55: *wêsunuh þan jainar qinóns
managôs fairraþrô saihvandeins,* und Marc. XV, 40, wo fast wörtlich
dasselbe gesagt wird. In beiden Fällen übersetzt *saihvan* das
griech. θεωρεῖν.

Und nun zur Verwendung des absolut gebrauchten Verbs im
übertragenen Sinne. Bei Otfr. bezeichnet I, 3, 39 40 das Part.
Präs. das Resultat einer vorangegangenen Gesichtsthätigkeit, ein
„erkennen“: *thaz si uns beran scolti* | *ther unsih giheilti* | *Giwihtan
in êwôn* | *ginâdôt er uns thên sêlôn* | *Joh allero worolti* | *so nu
mannilih ist sehenti.* Ein „die Zukunft wissen“ hat ebenfalls das
„sehen“ derselben im Geiste zur Ursache, z. B. Grp. 8, 4/6: *ef þú
sjá þykkesk,* | *hvat mon fyrst gorask* | *til farnaþar,* und ähnlich Grp.
30, 1/4. Bei Wulf. wird Marc. XIII, 23 *saihvan* in dem Sinne von „sich
selbst bewachen, damit Einem nichts zustösst“ gebraucht. Das
Verb übersetzt βλέπειν: *Iþ jus saihviþ!* *sai, fauragataih izwis allata.*

Wenn wir nun, nachdem wir bis jetzt die Fälle betrachtet haben, wo *sëlvan thatsächlich oder scheinbar absolut belegt war, jetzt zur Untersuchung derjenigen Stellen übergehen, wo das Verb „ein Objekt gewahr werden", oder „ein Objekt wahrnehmen" besagt, so zeigen diese, trotz der selbstverständlich viel zahlreicher vorliegenden Belege, ziemlich dieselben Bedeutungsschattierungen wie jene. Wir betrachten auch hier zunächst die Fälle, wo *schvan „ein Objekt gewahr werden" ausdrückt. Diese sind auch hier im allgemeinen sehr in der Überzahl; eine Ausnahme hiervon bietet nur der Beów. Hier tritt das Simplex ausserordentlich hinter das Kompositum gescón zurück, eine Erscheinung, die wir auch bei Tatian beobachten können. Und in den zehn Stellen, in denen seón im Beów. vertreten ist, bezeichnet das Verb nur dreimal ein „gewahr werden". In den übrigen Fällen handelt es sich entweder um eine willkürliche Wahrnehmung oder um ein „sehen" in übertragenem Sinne.

Während für Wulfila in den vorher besprochenen Fällen saihvan als Übersetzung von βλέπειν oder seltener von ἰδεῖν oder θεωρεῖν galt, überträgt das Verb an diesen Stellen meistens ἰδεῖν. Daneben finden sich aber auch verschiedentlich θεωρεῖν, θεᾶσθαι, βλέπειν und ὁρᾶν zur Bezeichnung des „gewahr werden" verwendet, obgleich in den drei erstgenannten Verben doch noch der Begriff der Aufmerksamkeit eingeschlossen erscheint. Aus den überaus zahlreichen Belegen von saihvan in der Bedeutung einer unwillkürlichen Gesichtsempfindung hebe ich hier einige Stellen heraus, wo es in Vertretung obengenannter griechischer Verben steht. Es übersetzt: ἰδεῖν Marc. IX, 38: séhvum sumana in þeinamma namin usdreibandan unhulþóns; θεωρεῖν Joh. XII, 45: saei saihviþ mik, saihviþ þana sandjandan mik; θεᾶσθαι Matth. VI, 1: atsaihviþ armaión izwara ni taujan in andwairþja manné du saihvan im; βλέπειν Luc. X, 23: audaga augôna, þôei saihvand, þôei jus saihviþ, und ὁρᾶν Joh. VI, 46: Ni þatei attan séhvi hvas, nibaí saei was fram attin, sa salv attan. — Die Stelle Luc. XX, 37 ist insofern noch bemerkenswert, als Wulfila saihvan hinzusetzt, ohne dass ein entsprechendes Verb im griech. Text stände. Er folgt hier augenscheinlich der lateinischen Vorlage: salv fraujan guþ Abrahamis.

Auch aus der Edda führe ich von den so zahlreichen Stellen, wo sjá den Wert einer unwillkürlichen Gesichtsempfindung hat, nur einige wenige an, z. B. Ls. 44, 1/2: *hvat's þat iþ lítla | es ek þat loggra sék*, oder Alv. 13, 4/5: *hverso máne heitr, | sás menn séa*. Zu dem „gewahr werden" irgend eines Vorganges tritt dann nicht selten auch eine geistige Wahrnehmung hinzu, z. B. Atlm. 49, 1/2: *sá þá sælboren, | at þeir sárt lékosk*, oder Gþr. III, 11, 1/4: *sáat maþr armlekt | hverrs sáat þat, | hvé þar á Herkjo | hendr sviþnoþo*. Die wenigen Stellen, an denen *seón* im Beów. hier in Frage kommt, seien kurz erwähnt. V. 336/7: *ne seah ic el-þeódige | þus manige men | môdiglicran*, und V. 1366/7: *þær mäg nihta gehwæm | nið-wundor seón, | fŷr on flôde*. Besonders hervorzuheben ist jedoch V. 2015/7: *ne seah ic wîdan feorh | under heofenes hwealf | heal-sittendra | medu-dreám mâran*. Hier wird nämlich der *medu-dreám* „gesehen" statt „gehört", ganz ähnlich wie es im Nibelungenliede heisst (Holtzm. Str. 308, V. 1/2): *Vreude unde wünne | vil græzlichen schal | soch man dâ tügelîche | vor Gunthêres sal*. Im Hel. dagegen ist wiederum das Simplex sehr häufig zur Bezeichnung des Sehens κατ' ἐξοχήν gebraucht, z. B. V. 4982/3: *quat that hie ina sâuui thâr | an themo berge uppan*, oder V. 4535/6: *thâr mugun gi ênna mann sehan* etc. Zu erwähnen ist vielleicht noch V. 4129/30: *quâthun that sia quican sâuuin | thena erl mid iro ôgon*, da hier zum Verbum noch der Instrumental hinzugefügt ist. Entweder that dies der Dichter nur zur Ausfüllung des Verses, oder aber er wollte hierdurch das Verbum noch besonders hervorheben. Ausser dieser Stelle, wo man sich vielleicht der letztern Annahme zuneigen könnte (es ist vom wiedererweckten Lazarus die Rede), ist das Mittel, wodurch man sieht, noch verschiedentlich im Hel. hinzugesetzt, z. B. V. 3281 oder V. 4091 etc. Im Beów. ist ferner dieselbe Umschreibung, nur in Verbindung mit *starian*, zweimal vertreten, und bei Otfr. finden wir auch den Instrumental hinzugefügt, dort freilich immer nur bei *scouwôn*, was sich wohl durch den stets sich darbietenden Reim leicht erklären lässt.

Die zahlreichen Fälle schliesslich, wo *sëhan* bei Otfr. zur Bezeichnung des unbeabsichtigten Gewahrwerdens gebraucht wird, zeigen durchaus keine bemerkenswerten Besonderheiten, und so führe ich auch nur einige wenige Stellen an, z. B. Otfr. V, 20, 14: *hôh ist ther, so ih zellu, | then worolt sihit ellu*, oder Otfr. IV, 19, 53/54:

*after thisu sehet ir | (thes giloubet ir mir) | mih queman filu
hôho | in wolkonon scôno.*

Wir kommen nun zur Betrachtung der Fälle, wo die Augen
nicht nur ein Objekt gewahr werden, sondern wo sie sich absichtlich auf dieses richten. Auch für diese Bedeutung ist *sëhan* in
allen german. Sprachen verschiedentlich belegt, so im Got.; vgl. Luc.
VII, 24: *hva usiddjêdup in aupida sailvan* (θεᾶσθαι), Matth. V, 28:
hvazuh saei sailvip qinôn du lustôn izôs (ἰδεῖν). Ferner in der Edda
z. B. Grímn (pag. 76) Prosa 8/9: *sér pú, Agnar fóstra pinn, hvar hann
elr bǫrn vip gýge í hellenom*, und im Beów. 919/21: *eode scealc
monig | swið-hicgende | tô sele pâm heán | searowundor seón*, oder V.
3102/4: *uton nú efstan | ôðre siðe | seón ond sêcean | searo-gepräc,
wundur under wealle*. Bei der zuletzt erwähnten Stelle scheint das
seón, vor dem *sêcean* stehend, sinnwidrig zu sein, da das „betrachten"
doch dem „aufsuchen" erst folgt. Aus dem Hel. gehört hierher
V. 5906/7: *thuo geng im ôc Johannes | an that graf innan | sehan
seldlic thing*, und bei Otfr. I, 9, 7: *sie quâmun al zisamane, | thaz
kindilin zi sehanne.*

Wenn dann zu „die Blicke auf etwas richten" noch der Begriff der Aufmerksamkeit hinzutritt, so gewinnt *sëhan* die Bedeutung „beobachten". In diesem Sinne verwendet es das Got.
Phil. III, 2: *sailvip pans hundans, sailvip pans ubilans waurstwans,
sailvip pô gamaitanôn* (βλέπειν), ferner das Alts. Hel. 4609/10: *sih
thi huem ik hier an hand gebe | mines muoses for theson mannon,*
und das Ahd. Otfr. II, 22, 9: *schet these fogala, | thie hiar fliagent
obana.*

Hel. 655/6 tritt noch die Vorstellung hinzu, dass durch die
Beobachtung etwas erforscht werden soll: *than sâon sia sô uuis-
lico | under thena uuolcnes sceon | upp ti them hôhon himile, | huô
fuorun thea huîtun sterrun*, und Otfr. I, 17, 19/20 bekommt
das „spähen" perfektivischen Sinn, es wird zu „erspähen": *sagêtun,
thaz sie gâhun | sterron einun sâhun | ioh dâtun filu mâri, | thaz er
sin wâri.*

Das „beobachten" eines Objekts zu dem Zwecke, es zu schützen,
das „bewachen", ist bei Otfr. für *sëhan* in Verbindung mit einem
Genitiv belegt, z. B. IV, 18, 6: *thaz wîb, thaz thero duro sah.* In
dem Bewachen liegt aber zugleich immer der Sinn, dass für das
bewachte Objekt Sorge getragen wird. Otfr. II, 8, 25 heisst dann

für den Wein Sorge tragen soviel wie „ihn besorgen“: *gibôt si þên sâr gâhûn, | þên thes lîdes sâhun.* Eine zu der konkreten Gesichtsempfindung sich hinzugesellende geistige Wahrnehmung führt zum „erkennen“; z. B. Ls. 5, Prosa 2/3: *en er þeir sá, er fyrer vóro, hverr inn var komenn,* oder Otfr. V, 4, 57: *iagilih hiar sehan mag, | wâr ther lîchamo lag.* Vafþrúþ. 6, 1/3 ist nicht vom „erkennen“, sondern vom „kennen lernen“ die Rede. Óþinn will Vafþrúþnirs vielgerühmte Weisheit erproben: *heill þú nú, Vafþrúþner, | nú 'mk î hǫll komenn | á þik sjálfan séa.* An dieselbe Bedeutung anschliessen könnte man auch die Verwendung von *sjá* in Skírn. 17, 4/6: *hví þú einn um kemr | eikenn fúr yfer | ór salkynne at séa,* oder Fjǫlsv. 44, 2/3: *hér's maþr komenn, | gakk þú á gest séa.* Aber analoge Entwicklungen (z. B. bei *finna* (Hǫv. 119, 5/7) und *hitta* (þkv. 12, 1/3), wo bei beiden Verben aus dem Wunsche, Jemanden zu sehen, das „losgehen auf ihn“, d. h. das „aufsuchen“ hervorgeht), bestimmen mich, auch hier für *sjá* die Bedeutung „Jem. aufsuchen“ anzusetzen. Für diese Begriffsverknüpfung bei **sëlvan* bietet denn auch das Ags. einen weiteren Beleg; vgl. Beów. 386/7: *hât hig in gân, | seón sibbegedriht | samod ätgädere.*

Das „in Augenschein nehmen“, das „beschauen“ einer Wunde, wird im Altisl. (Sdm. 11, 2/3) gleichbedeutend mit der Heilung derselben, ebenso wie ja auch heute noch das „besprechen“ vom Aberglauben für heilkräftig gehalten wird: *ef þú vilt lækner vesa | ok kunna sór at séa.*

Haben wir bisher die Fälle betrachtet, wo zu der konkreten Gesichtswahrnehmung noch eine Nebenvorstellung sich hinzugesellte oder auch die ursprüngliche Bedeutung ganz zurückdrängte, so gehen wir nun zu dem rein bildlichen Gebrauche von **sëlvan* über. Häufig sind die Stellen, wo der Geist das Mittel ist, durch den etwas wahrgenommen wird, z. B. Hǫv. 95, 3: *einn's hann sér um seva,* Otfr. III, 16, 17/18: *yrkenn er thesa lêra | joh sehe thârana in wâra, | si von gote queme thir | od ih sia eigine mir* etc. Auch hier haben wir dann einerseits die Entwicklung, dass auf das, worauf die Wahrnehmung sich erstreckt, auch besondere „Rücksicht genommen“ wird, wie z. B. im Got.; vgl. Marc. XII, 14: *ni auk saihvis in andwairþja mannê, ak bi sunjai wig gudis laiseis* (βλέπειν), im Alts. Hel. 4766/7: *ne sih thu mînes hier | flêskes gifuories,* und im

Ahd. Otfr. II, 9, ₃₆: *es ilti sâr in gâhi,* | *thera liubî ni sâhi,* anderer-
scits, dass die Beobachtung der eigenen Person zu einer Bewachung
derselben vor irgend einer Gefahr führt. Aus dem Got. sei hier
erwähnt Joh. XII, 19: *sailvip þatei ni bôteiþ waiht* (θεωρεῖν), und
1. Thessal. V, 15: *sailvip ibai hras ubil und ubilamma hramma
usgildai* (ὁρᾶν), und aus der Edda (hier ist *sjá* mit der Präp. *viþ*
verbunden) z. B. Sdm. 32, ₂: *at þú skalt viþ illo séa,* oder Sdm. 37, ₂/₃:
at þú viþ illo séer | *hvern veg at vine.* Ferner haben wir beim
Medium *sjásk,* die weitere Folgerung, dass die Furcht vor
der Gefahr, vor der man sich hüten möchte, als das Wesentliche
empfunden wird. Absolut stehend ist das Medio-Passivum in
diesem Sinne zweimal verwendet: HH. II, 18, ₇/₈: *ætt áttu, en
góþa!* | *es ek (eige) sjámk,* und Gþrhv. I, 26, ₅/₆: *þess hefk
gangs* | *goldet síþan,* | *þeirar sýnar* | *ek sóonk ey.* Sjásk *at,* mit
dem Dativ, bezeichnet dann weiterhin, für wen man Furcht em-
pfindet: HHv. 11, ₅/₆: *sá sésk fylker* | *fœst at life,* und in der
gleichen Bedeutung steht auch *sjásk um* Grímn. 20, ₆: *þó sjómk
meir um Munen.* In Verbindung mit einem Objekte ist *sjásk* dann
noch HHv. 12, ₆ vertreten: *fátt hygg ek ypr séask.*
   In Atlm. 70, ₁/₃ bedeutet „einen Rat sehen" so viel wie
„einen Rat wissen": *kannka slíks synja* | *sék til ráþ annat* | *hǫlfo
hóglegra,* und das „sehen" der Zukunft ist zugleich auch schon
ein „wissen" derselben; vgl. Grp. 28, ₇/₈: *þvít þú ǫll um sér* |
orlǫg fyrer.
   Zu einer Umschreibung für „sterben" wird das Verbum *sëhran*
in allen germanischen Sprachen (ausser bei Otfr.) gebraucht, und
zwar im Got. Luc. II, 26: *ni saihran daupu, faurþizei sêhvi Christu
fraujins* (θάνατον ἰδεῖν), im Altisl. Grímn. 53, ₅: *nú knáttu Oþen séa*
(hier ist der Ausdruck wohl absichtlich zweideutig gehalten), und
im Ags. Beów. 1180/1: *þonne þú forð scyle* | *metodsceaft seón.* Im
Hel. finden sich eine ganze Menge solcher Umschreibungen. Sie
bedeuten entweder nur „sterben", oder sie schliessen gleich die
Vorstellung mit ein, dass der Sterbende der ewigen Seligkeit teilhaftig wird. Hierher gehört z. B. V. 1474/5: *ef gi uuilleat êgan
êuuanriki,* | *sinlib sehan,* oder V. 1315/6: *thie muotun thena
hebanes uualdand* | *sehan an sínon ríkie,* oder V. 3106/7: *êr sia
himiles lioht,* | *godes ríki sehat* etc.
   Neben diesen Umschreibungen für „sterben" finden sich im

Hel. auch für „leben" solche bildliche Ausdrücke, wie „das Sonnen-
licht, Tageslicht etc. sehen"; so z. B. V. 2217/8: *gisâhun thena is
fera êgan,* | *dageslioht sehan* | *thena the êrr dôð fornam,* oder V.
4008/9: *that hie muoti eft thesa nuerold sehan,* | *libbiandi lioht* etc.

ags. *on-seón,* ahd. *ana-sëhan.*

Dieses Kompositum ist nur im Ags. und Ahd. belegt. Für
eine der Zusammensetzung entsprechende Grundbedeutung „den
Blick auf etwas richten" findet sich in beiden Denkmälern je einmal
eine Stelle, im Beów. V. 1651: *wlite-seón wrätlic* | *weras onsâwon,*
und bei Otfr. V, 10, 26: *jah intslupta in gâhûn,* | *then mithont se
anasâhun.* In den beiden andern Fällen, wo dieses Kompositum
bei Otfr. noch in Betracht kommt (I, 12, 5 und IV, 24, 14) ist
jedoch nicht mehr von einem bewussten Richten des Blicks auf
ein Objekt die Rede, sondern nur von einem zufälligen Ge-
wahrwerden. Es handelt sich z. B. IV, 24, 14 um Christi Verhör
bei Pilatus. Er führt den seiner Ansicht nach Unschuldigen vor
das Volk, und sowie dieses ihn sieht, bricht der Pöbel in Geschrei
aus: *irscrirun filu gâhûn,* | *sô sie inan anasâhun.*

got. *and-saihvan.*

Bei Wulfila findet sich dieses Kompositum an zwei Stellen,
beide Male in übertragenem Sinne. Wir haben auch hier, wie beim
Simplex, einerseits die Vorstellung, dass auf das, was man wahr-
nimmt, auch „Rücksicht genommen" wird; vgl. Luc. XX, 21: *witum
patei raihtaba rôdeis jah laiseis jah ni andsaihvis anduairpi* (λαμβάνειν),
andererseits auch wieder, wenn die Beobachtung auf die eigene
Person sich erstreckt, die Bedeutung „sich hüten"; vgl. Gal. VI, 1:
andsaihrands þuk silban, ibai jah þu fraisaizau (σκοπεῖν).

got. *at-saihran.*

Auch *atsaihvan* ist nur im Got. belegt. Es übersetzt προσ-
έχειν, ἐπέχειν und βλέπειν und weist dieselben beiden Bedeutungsschattierungen auf wie *andsaihvan.* Wir haben auch hier das Verb
sowohl in dem Sinne von „Rücksicht nehmen", z. B. Tit. I, 14: *ni
atsaihvandans judaiwiskaizê spillê,* als auch von „sich hüten", z. B.
Luc. XX, 46: *atsaihiþ faura bôkarjam.*

got. *bi-saihvan*, alts. *bi-sëhan*, ahd. *bi-sëhan*.

Dieses Kompositum ist im Got., Alts. und Ahd. belegt und wird in allen drei Sprachen sowohl absolut gebraucht, als auch in Verbindung mit einem Objekte. Der Zusammensetzung entsprechend. können wir von der Grundbedeutung ausgehen „die Augen rings umher schicken." Bei Wulfila dient denn auch *bisaihvan* zur Wiedergabe von περιβλέπεσθαι, z. B. Marc. X, 23: *jah bisaihvands Jèsus qaþ*. Im Hel. und bei Otfr. ist *bisëhan* mit einer Ortsbestimmung verbunden. Hel. 5518/9: *thuo hie selbo sprak*, | *barno that besta* | *endi under bac besah*, und Otfr. V, 7, 43: *so sliumo si thô thaz gisprah*, | *si sâr io widorort bisah*. Diese beiden Stellen entsprechen einander genau, da sowohl *under bac*, als auch *widorort* „rückwärts" bedeuten. An beiden Orten ist hier nicht die Rede vom „schicken der Augen nach allen Seiten", sondern nur nach der durch das Ortsadverbium bestimmten Richtung.

Auch bei Wulfila wird Marc. III, 34 zu *bisaihvan*, in Verbindung mit einem Objekte, auf das die Blicke gerichtet werden, noch *bisunjanê* hinzugefügt: *jah bisaihvands bisunjanê þans bi sik sitandans qaþ*. Hier hat zu der Hinzufügung des Ortsadverbiums das griech. περιβλεψάμενος κύκλῳ augenscheinlich den Anlass gegeben. und nicht eine Verwendung ähnlich der, wie sie im Alts. und Ahd. belegt war; denn Marc. XI, 11 finden wir in *bisaihvands alla* die Grundbedeutung, von der wir ausgingen, festgehalten.

Wenn dann Otfr. V, 15, 21: *bisih mir lembir mînu* (Joh. 21, 15: *pasce oves meas*) *bisëhan* in dem Sinne von „bewachen" Verwendung findet, so tritt dort zu der Grundbedeutung noch der Gedanke an den Zweck dieser nach allen Seiten sich erstreckenden Beobachtung hinzu. An das „bewachen" schliesst sich dann die weitere Bedeutungsentwicklung an. Für das „Bewachte" wird „Sorge getragen", und wenn man „Sorge trägt, etwas zu thun". so heisst das „etwas ausführen". Aus dem Got. kommt hier Röm. XII, 17 in Betracht: *bisaihvandans gôdis ni þatainei in andwairþja gudis* (προνοεῖσθαι).

Im übertragenen Sinne ist ferner das Kompositum in der Bedeutung „etwas mit Hilfe des Geistes erkennen" Luc. XX, 23 belegt: *bisaihvands þan izê unsêlein Jèsus qaþ du im* (κατανοεῖν). Im Hel. 95/96 schliesst wieder, gerade wie bei *gaumjan*, das „besorgen" des Gotteshauses die Bezeichnung aller Priesterpflichten in sich: *that scolda thena uuih godas | Zacharias bisehan.* Auch bei Oftr. möchte ich *bisëhan* im XXIX. Kap. des IV. Buches in dem Sinne von „etwas ausführen" auffassen. Das Verb ist dreimal dort gebraucht. Es ist die Rede davon, wie die Karitas Christi Gewand in höchst kunstvoller Weise verfertigt; IV, 29, 25: *giwisso, sô ih thir zellu, | thiu werk bisihit si ellu*; IV, 29, 38: *bisah si iz iogilîcho | thrâto liublicho*, und IV, 29, 44: *thaz si in thera nâhî | selbo iz al bisâhi.* In der Übersetzung von *bisëhan* durch „etwas ausführen, besorgen" schliesse ich mich Kelle an, während Erdmann und Piper das Verb durch „anblicken, beaufsichtigen" wiedergeben.

alts. *for-sëhan*, ahd. *fir-sëhan.*

Nur im Hel. findet *for-sëhan* zweimal Verwendung zur Bezeichnung einer konkreten Gesichtsempfindung. In beiden Fällen ist die Bedeutung nicht mehr verschieden von der des Simplex „etwas gewahr werden"; vgl. V. 187/9: *thea liudi farstuodun | that hie thâr habda gegnungo | godcundas huat | forseuuan selbo*, und V. 5742/3: *thia that all forsâuun, | thes gumon grimman dôð.* Im Monacensis ist V. 4581 *forsëhan* gebraucht, während der Cottonianus dort *gisëhan* verwendet: *bî that hie thia uuurth gisihid (farsihit).* Das „Verhängnis sehen" heisst hier „es erleben". Und wie es uns im Ags. bei *healdan* und *behealdan* schon begegnete, so kann im Hel. V. 5746 der Kummer „erschaut" statt „erlitten" werden: *habdun im farseuuana | sorogia ginuogia.* Otfr. gebraucht das Kompositum in übertragenem Sinne nach zwei Richtungen. In V, 23, 150: *in herzen joh in muate | ni firsehent sih zi guate* soll das „zum Guten sehen" soviel sagen wie „Sorge tragen, das Gute zu thun", eine Bedeutungsverknüpfung, wie sie uns z. B. im Got. bei *bisaihvan* schon begegnet ist. An zwei anderen Stellen bietet sich uns jedoch eine bisher für die Verben der Gesichtsempfindung noch nicht belegte Entwicklung dar. Es tritt zu dem doppelten Zwecke des Hinderns und des Schützens, der bisher mit der Beobachtung eines Objekts verbunden sein konnte, noch ein anderer Gedanke hinzu. Das „sehen auf jemand" kann nicht nur als Ausdruck der Furcht dienen, die wir für das bewachte Objekt hegen, sondern es kann auch zum

Ausdruck der Hoffnung werden; vgl. Otfr. IV, 30, 31 : *jâ firsah er sih in got*, und Otfr. IV, 5, 63: *firsâhun sih zi wâru | zi sineru ginâdu.*

got. *ga-saiƕan*, ags. *gi-seón*, alts. *gi-sëhan*, ahd. *gi-sëhan.*

Streitberg*) sagt in seiner „Urgermanischen Grammatik" (Heidelberg 1896) bei der Behandlung der Aktionsarten (S. 276 ff.): „Da sich die Bedeutung eines jeden Verbalkompositums aus drei Faktoren zusammensetzt, nämlich aus dem materiellen Bedeutungsinhalt des Simplex, dem materiellen Bedeutungsinhalt der Präposition und der durch die Zusammensetzung verursachten Modifikation der Aktionsart, so leuchtet ein, dass, abgesehen von dem Unterschied der Aktionsart, das Kompositum dem Simplex gegenüber einen Bedeutungszuwachs durch die materielle Bedeutung der Präposition erfährt. Führt die Präposition keine selbständige Existenz mehr, so kann ihre materielle Bedeutung in dem Masse verblassen, dass bei der Zusammensetzung die Änderung der Aktionsart das einzige Ergebnis der Verbindung ist; die Präposition ist alsdann zu einem rein formalen Mittel, zum Ausdruck der Aktionsart geworden. Im Germanischen ist das in erster Linie bei *ga-* der Fall. Dieses ist daher zur Perfektivierung ganz vorzüglich geeignet." — Sehen wir nun, in wieweit diese Ansicht durch den Gebrauch von **ga-sëƕan* in unsern Denkmälern bestätigt wird. Im Got. ist hier besonders Phil. IV, 9 zu erwähnen, da hier die Vorsetzung von *ga-* vor alle Verben wohl nicht ohne Absicht geschehen ist: *þatei jah galaisidêduþ izwis jah ganêmuþ jah gahausidéduþ jah gaséƕuþ in mis, þata taujaiþ.* Und ebenso darf wohl Phil. I, 30: *þôei gasaiƕiþ in mis, jah nu hauseiþ in mis* (εἴδετε : ἀκούετε) als Beweis der durch das Präfix bewirkten Veränderung der Aktionsart in Betracht gezogen werden. Aber zahlreich sind auch die Fälle, wo das Simplex steht statt des zu erwartenden Kompositums, z. B. Matth. XXV, 44: *ƕan þuk sêƕum grêdagana*, oder Luc. II, 30: *sëƕun augôna meina nasein þeina* etc. In Marc. V, 22, wo Jairus beim Erblicken Christi ihm zu Füssen fällt, müsste auch entschieden das Kompositum statt des Simplex gebraucht werden: *saiƕands ina gadraus du fôtum Jêsuis* (ἰδεῖν). In demselben Kapitel findet sich dann auch andererseits *gasaiƕan* in der Bedeutung „erblicken" mehrere Male verwendet, z. B. V. 15: *ga-*

---

*) Vgl. Beiträge Bd. XV, S. 70 ff.

sailrand þana wôdan sitandan (θεωρεῖν), oder V. 16: *þaiei gasëhrun, hraiwa warþ bi þana wôdan* (ἰδεῖν). Als Beweis dafür, dass das Präfix *ga-* manchmal nicht mehr in seiner perfektivierenden Bedeutung gefühlt und daher willkürlich hinzugesetzt oder weggelassen wurde, möchte ich z. B. Luc. X, 23/24 anführen: *audaga augôna þôei sailrand þôei jus sailriþ. qiþa auk izwis þatei managai praufëteis jah þiudanôs wildëdun saihran þatei jus saihriþ jah ni gasëhrun, jah hausjan þatei jus gahauseiþ, jah ni hausidëdun.* Ferner scheint mir Joh. VIII, 38 hierfür ein Beleg zu sein: *ik þatei gasalr at attin meinamma, rôdja; jah jus þatei hausidëduþ fram attin izwaramma, taujiþ,* und ebenso auch Skeir. VI, 27/28: *iþ sumai jah stibna is gahausidêdun, sumai þan is siun sëhrun.* Was den griech. Text anbetrifft, so findet sich das Perfekt von ὁρᾶν sowohl durch *ga-sailran* wie durch *sailran* wiedergegeben, z. B. Joh. III, 32: *þatei gasalr jag-gahausida, þata weitwôdeiþ,* oder Joh. VI, 46: *ni þatei attan sëhri hras, nibai saei was fram attin, sa sahr attan.*

Sehen wir uns nun die Verhältnisse im Ags. näher an. Im Beów. ist, wie schon erwähnt, das Kompositum *ge-seón* viel häufiger vertreten, als das Simplex. Und diese Thatsache spricht meiner Meinung nach auch sehr dagegen, dass durch das Präfix das Verb perfektivischen Sinn bekommen sollte. Denn in vielen Fällen handelt es sich doch um eine durative Gesichtsempfindung und nicht um die Handlung im Hinblick auf ihre Vollendung. Z. B. müsste Beów. V. 1366: *þær mäg nihta gehwæm | nîð-wundor seón* das Kompositum statt des Simplex gebraucht sein, oder Beów. V. 2605/6 scheint mir das Simplex besser am Platze: *geseah his mon-dryhten | under here-griman | hât þrôwian.*

Im Alts. findet im Gegensatze zum Ags. das Simplex bedeutend häufiger Verwendung als das Kompositum. Hiernach könnte man wohl schliessen, dass durch den Gebrauch des Letzteren eine Änderung der Aktionsart bezeichnet werden sollte. Aber wenn z. B. in den meisten Fällen, wo von der Fähigkeit, die Augen zu gebrauchen, dem „sehen können" die Rede ist, der Dichter zum Kompositum statt zum Simplex greift (vgl. z. B. V. 3652: *that sia sinlibi gisehan muostin,* oder V. 3576/7: *that sia liudio drôm, | suigli sunnun scîn, | gisehan muostin* etc., so scheint mir dies ein Beweis gegen eine Perfektivierung durch das Präfix.

Und das Gleiche ist auch der Fall bei Otfr. Auch er ver-

wendet ebensowohl das Kompositum wie das Simplex, wenn er
erzählt, dass die Blinden geheilt werden, und zwar zieht auch er
das Kompositum zur Bezeichnung des „sehen können" dem Simplex
vor. Hierfür mag das 20. Kapitel des III. Buches als Beweis gelten,
z. B. III, 20, 28: *want er scôno gisah*, oder III, 20, 55: *wio er in thera
gâhi | sô scôno gisâhi* etc.

Aus alle diesem möchte ich nun den Schluss ziehen, dass in
der Regel bei den hier in Frage kommenden Sprachdenkmälern
das Gefühl für die durch *ga-* hervorgerufene Änderung der Aktionsart bei **ga-sëhran* nicht mehr vorausgesetzt werden darf, sondern
in vielen Fällen das Kompositum nur um seiner intensiven Bedeutung willen Verwendung fand. Wir dürfen also bei **ga-sëhran*
ziemlich dieselben Bedeutungsentwicklungen erwarten wie bei **sëhran*.

Auch das Kompositum bietet verschiedene Beispiele absoluten
Gebrauchs. Es bezeichnet dann immer die Fähigkeit zum Sehen.
Bei Wulfila ist diese Bedeutung Marc. VIII, 18 belegt: *augôna ha-
bands ni gasaihiþ* (βλέπειν), und ebenso auch Luc. VIII, 10: *ei
saihrandans ni gasaihraina* (βλέπειν).

An den übrigen Stellen, wo Wulfila *gasaihran* noch absolut
braucht, ist er darin vielleicht vom griechischen Texte beeinflusst.
Luther setzt in seiner Übersetzung wenigstens stets ein Objekt
hinzu. Andererseits könnte man hier auch annehmen, dass das
Verb nicht mehr „sehen, erblicken", sondern „zuschauen" bedeutet.
und in diesem Falle müssten wir nach Streitberg (Beiträge Bd. XV,
S. 84) eigentlich nicht das Kompositum, sondern das Simplex erwarten. Ich führe hierfür zwei Stellen an, zunächst Luc. XVIII, 43: *jah
alla managei gasaihrandei gaf hazein guda* (ἰδεῖν), und Luc. XIV, 29:
allai þai gasaihrandans duginnaina bilaikan ina (θεωρεῖν). Besonders
zu erwähnen ist hier noch Matth. XXVII, 42. Der griechische Text
bietet nur καὶ πιστεύομεν αὐτῷ, während Wulfila übersetzt: *ei
gasaihraima jah galaubjaima*. Nach Bernhardt soll der Zusatz „*ei
gasaihraima*" eine Erinnerung an Marc. XV, 32 sein, wo sich der-
selbe Ausdruck findet.

Bei Otfr. wird, wie schon erwähnt, *gisëhan* häufig in dem
Sinne von „sehen können" verwendet, rein absolut z. B. III.
20, 104: *was in harto ungimah, | thaz ther blinto gisah*, oder
IV, 26, 17: *blinte man gisehente*. Dann gebraucht der Dichter
das Kompositum in Verbindung mit einem Adverbium der Art

und Weise, z. B. III, 20. ᵴ: *wio er in thera gâhî | sô scôno gi-
sâhi* etc.

Ich gehe nun zur Betrachtung der Fälle über, wo zu dem
Verb noch ein Objekt hinzutritt. Ich muss auch hier, da die Mehrzahl aller Stellen in diesem Sinne aufzufassen ist, von der Bedeutung „etwas zufällig gewahr werden" ausgehen. Bei Wulfila übersetzt *gasaihran* ebenfalls die griech. Verben ἰδεῖν, βλέπειν, θεωρεῖν
und θεᾶσθαι. Denn wie wir schon bei *saihran* sahen, werden im
griechischen Neuen Testamente diese verschiedenartigen griechischen
Verba nicht mehr nach ihren verschiedenen Bedeutungen getrennt.
Ihre Übersetzung durch *gasaihran* kann daher nicht mehr als Beweis
dafür herangezogen werden, dass das Kompositum in einem solchen
Falle in einem andern Sinne als „etwas zufällig erblicken" aufgefasst
werden muss (z. B. in der Bedeutung „schauen, beobachten, spähen"
etc.). Zum Belege mögen einige Stellen dienen; so II. Kor. XII, 6:
ibai hras in mis hra muni ufar þatei gasaihriþ (βλέπειν), Marc. V, 15:
gasaihrand þana wôdan sitandan (θεωρεῖν), Luc. V, 27: *jah afar þata
usiddja jah gasahr mótari namin Laiwwi sitandan ana mótastada*
(θεᾶσθαι).

Auch im Beów. scheinen mir die meisten Fälle unter dieser
Bedeutung sich unterbringen zu lassen, z. B. V. 2042: *þonne cwiδ ät
beóre, sê þe beáih gesyhδ*, oder V. 1558: *geseah þâ on searwum | sige-
eádig bil*, oder V. 649: *siδδan hie sunnan leóht | geseón ne mehton* etc.
Ich brauche hier auf die einzelnen Stellen nicht näher einzugehen
und ebenso auch nicht beim Hel. dort, wo *gisëhan* eine Bezeichnung
des Sehens κατ' ἐξοχήν ist, z. B. V. 2551/2: *nû ni gisihit ênig erlo than
mêr | uueodes uuahsan*, oder V. 1245/6: *thuo gisah hie fan allon
landon cuman | fan allon uuîdon uuegon | uuerod tesamne* etc. Wie
schon erwähnt, verwendet ferner der altsächs. Dichter immer (mit
Ausnahme von V. 2358/9: *liet sia thit berehta lioht, | sinscôni sehan*)
das Kompositum *gisëhan*, verschiedentlich in Verbindung mit *môtan*,
in der Bedeutung „sehen können"; vgl. V. 3576/8: *that sia liudio
dróm, | suigli sunnun sein | gisehan muostin, | uulitiskônia uuerold.
V. 3636/7: *that sia that berehto lioht | gisáuuin sinscôni*, und V. 3662:
that sia sunnun lioht | gisehan muostun. Gegenüber dem absoluten
Gebrauche von *gisëhan* bei Otfr. zur Bezeichnung der Fähigkeit,
sich des Gesichtssinnes zu bedienen, drückt sich hier bei derselben
Erzählung der Helianddichter viel anschaulicher aus. Er setzt

gleich die Objekte hinzu, die durch ihr Leuchten seiner Meinung
nach zuerst in die Augen fallen mussten.
Wenn wir schliesslich bei Otfr. die Verwendung des Verbs in
Betracht ziehen, so weisen auch dort die zahlreichen Stellen das Kompositum meistens in der Bedeutung „etwas zufällig gewahr werden"
auf, z. B. V, 10, 19: *thô ward in alagâhûn, | sin wiht sâr ni gi-
sâhun* etc.
Auf Otfr. III, 8, 37 möchte ich noch kurz eingehen. Hier
zeigt sich, wie genau sich oft der Dichter nach dem lat. Texte
richtet, und wie wenig anschaulich dadurch seine Ausdrucksweise
wird. Matth. XIV, 30 (*videns vero ventum validum timuit*) überträgt
Otfr. durch: *so er avur then wint thô gisah*. Dann aber scheint
er zu empfinden, dass man wohl die Wirkung des Windes, nicht
aber diesen selbst sehen kann, und so fügt er hinzu: *joh waz thio
undûn worahtun, | sô ruartun inan forahtûn*. Der Helianddichter hin
gegen lässt Petrus den Wind nicht „sehen", trotzdem auch ihm die
gleiche Quelle vorlag; vgl. V. 2942/4: *antthat hie im an is muode bigan |
andrâdan diop uuater, | thuo hie driban gisah | thena uuâg met uuindu*.
Für *ga-sëlran* in der Bedeutung „die Blicke auf ein Objekt
richten", finden sich Belege in allen vier Sprachen. Aus dem Got.
gehört z. B. hierher Marc. XII, 15: *atbairiþ mir skatt ei gasaiƕau*,
aus dem Ags. Beów. 1078/80: *syððan morgen côm, | þá heó under
swegle | geseċn mealhte | morðor — bealo mâga*, aus dem Hel. V. 5794/6:
*sô thiu frî habdun | gegangan te them gardon, | that sia te them
graue mahtun | gisehan selbon*, und aus Otfr. V, 4, 19: *thes ganges
sie iltun gâhûn | joh thaz grab gisâhun*. — Zu der „Betrachtung"
gesellt sich dann noch die Nebenvorstellung, dass durch sie etwas
„erforscht" werden soll. Für „spähen", das wir für *sëlran* belegt
fanden (Hel. 655/6), bot sich mir keine Stelle; dagegen für „erspähen", d. h. also die Handlung des Spähens im Hinblick auf ihre
Vollendung, findet sich bei Otfr. ein Beleg und zwar V, 17, 32:
then thu in berehtera naht | sô kûmo thâr gisehan maht. Für
mein Gefühl wenigstens ist hier die Rede von einer Anstrengung,
um etwas mit den Augen zu erreichen.
Zu der konkreten Gesichtswahrnehmung tritt dann noch
an mancher Stelle eine geistige Thätigkeit hinzu, an das „sehen"
schliesst sich das „erkennen". Hierhin gehört z. B. Joh. VI, 24:
þanuh þan gasaƕ managei þatei Jêsus nist jainar, oder Beów.

1485/8: *mäg þonne on þæm golde | ongitan Geáta dryhten, | geseón sun Hrêðles, | þonne hê on þät sinc stara ð, | þät ic gum-cystum | gôdne funde | beága bryttan*, oder Hel. 4973/4: *that mugun uui an thînon gibárie gisehan, | an thînon uuordon endi an thînon uuisun, | that thu thieses uuerodes ni bist.* — Im Ags. haben wir dann, wie beim Simplex, die Vorstellung, dass die Thätigkeit, die Bewegung des Forschens, das „aufsuchen", durch die Bezeichnung der dieser Bewegung nachfolgenden Handlung, durch das „sehen" gekennzeichnet wird; vgl. Beów. 395/6: *nú gê môton gangan | in eówrum guð-geatawum, | under here-griman, | Hrôðgar geseón*, und V. 1127/8: *freóndum befeallen | Frŷsland geseón, | hámas ond heá-burh.* Für Luc. VIII, 53: *jah bihlôhun ina gasaihandans þatei gaswalt*, müssen wir *gasaihan* in der Bedeutung „etwas gesehen haben", d. h. „etwas wissen" auffassen. Die Stelle hat jedoch wenig Beweiskraft, da nach Bernhardt die griechische Vorlage für εἰδότες den Schreibfehler ἰδόντες aufwies.

Ich komme nun zu der Behandlung der Fälle, wo nicht mehr das Auge, sondern der Geist eine Wahrnehmung vermittelt. Hierfür kommt nur Wulfila mit einigen Stellen in Betracht, z. B. Luc. IX, 47: *iþ Jésus gasaihands þô mitôn hairtins izê*, oder Marc. II, 5: *gasaihrands þan Jésus galaubein izê* etc. Ebenfalls bei Wulfila finden sich dann auch Belege dafür, dass *gasaihan* verwendet wird, um eine Wahrnehmung des Gehörs oder Gefühls zu bezeichnen. Für das Erstere führe ich z. B. Marc. XII, 28 an: *gasaihands þatei waila im andhôf* (ἰδεῖν), und für *gasaihan* in dem Sinne von „empfinden" ist Röm. VII, 23 als Beweis herbeizuziehen: *aþþan gasaiha anþar witôþ in liþum meinaim, andweihandô witôda ahmins meinis* (βλέπειν).

Ebenso wie *sëhan* wird auch *ga-sëhan* in Verbindung mit einem Objekte zur Umschreibung eines andern Verbs gebraucht. *Dauþu gasaihan* gleich „sterben" findet sich bei Wulfila, Joh. VIII, 51. Denselben Begriff drückt im Beów. V. 1276 *deáð-wîc geseón* aus, und im Hel. wird V. 1756 im gleichen Sinne *thena endi gisehan* gebraucht. — Für „selig werden" hat dann das Got. in Übersetzung der griechischen Vorlage noch drei verschiedene Umschreibungen mit *gasaihan*: Matth. V, 8 *guþ gasaihrand*, Joh. III, 3 *þiudangardja gudis gasaihan*, und Joh. XI, 40 *wulþu gudis gasaihan*.

Und Hel. 2596/7 ist *thit lioht gisehan* gleichbedeutend mit „leben“:
endi cumat all tesamne | liudi thie io thit lioht gisâhun.

got. *in-saihvan.*

Dieses Kompositum weist nur das Got. auf. Wir haben ge-
mäss der Zusammensetzung auszugehen von einer in einer ge-
wissen Richtung fixierten Thätigkeit des Gesichtssinnes. In dieser
Bedeutung, als Übersetzung von ἀναβλέπειν und περιβλέπεσθαι, wird
das Verb verschiedentlich verwendet, z. B. Marc. IX, 8: *jah anaks
insaihvandans ni þanaseiþs ainôhun gasêhun.* Durch die Präposition
du kann näher angegeben werden, wohin die Richtung der Augen
geht. Als Wiedergabe von ἀναβλέπειν erwähne ich hier Luc. IX, 16:
insaihvands du himina gabiupida ins, und in Übertragung von ἐμ-
βλέπειν z. B. Matth. VI, 26: *insaihviþ du fuglam himinis.*

Und nicht nur das Richten der Augen, sondern auch das Richten
des Geistes kann durch *insaihvan* bezeichnet werden; vgl. Luc.
I, 48: *unte insah du hnaiweinai þiujôs þeinaizôs* (ἐπιβλέπειν). Schliesslich wird dann das „in Betracht ziehen“ die Veranlassung zu einer
nachfolgenden Handlung; vgl. Luc. I, 25: *in dagam þaimei insah
afniman idweit mein in mannam* (ἐφορᾶν).

ahd. *untar-sëhan*

findet sich nur bei Otfr. ein einziges Mal und zwar I, 27, 5/6:
*wanta er ni was sô hebigêr, | thaz er mo libi thes thiu mêr; | in
wisduame sô wâhi, | ther imo iz untarsâhi.* Hier handelt es sich
um Johannes, den das Volk für Christus hielt. Der Dichter sagt,
auch der Mächtigste sei von ihm in der Predigt nicht verschont
worden. Keiner sei so weise gewesen, dass er ihn daran hätte
hindern können.

Über die Bedeutung dieses Kompositums herrschen verschiedene Ansichten. Erdmann übersetzt es mit „abschneiden,
vorbeugend hindern“. Er stützt diese Auffassung durch verschiedene Belege aus dem Mhd. (z. B. Iw. 6243/5: *her gast, ir
woldet vür daz tor. | niht: dâ ist ein nagel vor. | ez ist iu anders
undersehen* usw.), und er sucht die Bedeutung aus „mit Einsicht
dazwischentreten“ zu entwickeln. Piper fasst *untarsëhan* auf in
dem Sinne von „Nachsicht üben“ und Kelle in der Bedeutung
von „übersehen, unberücksichtigt lassen“. Ich möchte mich der

Auffassung Erdmanns anschliessen, da sie mir am wahrschein-
lichsten zu sein scheint und auch spätere Belege für sich hat.

got. *us-saihvan*, ahd. *ir-sëhan*.

Bei Wulfila ist *ussaihvan* sehr häufig gebraucht zur Bezeichnung
des „sehen können". (Die gleiche Bedeutung vertritt, wie wir gesehen haben, auch *saihvan* und *gasaihvan*). An all diesen Stellen
(z. B. Joh. IX, 11: *jah bihvahands ussah*, Matth. XI, 5: *blindai
ussaihvand* etc.) wird durch *ussaihvan ἀναβλέπειν* wiedergegeben. In
der Verbindung mit einem Objekte bedeutet *ussaihvan* als Übersetzung
von *περιβλέπεσθαι*, ebenso wie *insaihvan*, ein „heften der Augen auf
etwas", z. B. Luc. VI, 10: *ussaihvands allans ins qaþ*. Und durch
die Präposition *du* kann dann ebenfalls noch näher angegeben
werden, worauf die Augen sich richten; so Marc. VII, 34: *jah ussaihvands du himina gaswógida*. Wie bei *insaihvan*, bot auch hier
der griech. Text *ἀναβλέπειν*.

Bei Otfr. gewinnt V. 6, 61/62 *irsëhan* den Sinn von „etwas mit
den Blicken erreichen": *ther duoh ther wirdit funtan | zisamane
biwuntan; | ni mahtu irsehan, wizist thaz, | ni wedar enti sinaz.*

Die übrigen Komposita von **sëhan* behandle ich hier nicht
weiter. Der Grund hierfür ist der, dass der materielle Bedeutungsinhalt der Präposition bei ihnen noch so deutlich empfunden wird,
dass durch ihn allein das betreffende Kompositum dem Simplex
gegenüber einen Bedeutungszuwachs erfährt. (Streitberg: Urgerm. Grammatik, S. 279). Ich führe hierfür nur zum Belege an:
got. *þairhsaihvan* = durchsehen, oder ags. *geondseón* = übersehen,
oder ahd. *nidarsëhan* = niedersehen etc.

In allen germanischen Sprachen sind auch noch Substantiva
von der Wurzel *sekʷ* abgeleitet. Im Got. bezeichnet *siuns* sowohl
das Gesichtsorgan, *τὸ βλέπειν*, als auch das, was gesehen wird,
εἶδος. *Silbasiuneis* (*αὐτόπτης*) heisst Luc. I, 2 der, der etwas mit
seinen eigenen Augen sah. Dem got. *siuns* entspricht altisl. *sjón*.
Es besagt in der Edda im Sing. „Blick", im Plur. „Augen". *Sýn*,
die Doppelform zu *sjón*, ist nur im Sinne von „Anblick" belegt.
Im Beów. bezeichnet *ansýn* das, was gesehen wird, das Äussere,
die Erscheinung. *Wlite-seón* vertritt dieselbe Bedeutung, und bei
wundor-seón kommt noch der Begriff des Wunderbaren hinzu. Im

Hel. bedeuten *siun* und *gesiun* das Mittel, durch das man sieht.
die „Augen". *Siun-wliti* hat die gleiche Bedeutung, während *gisiuni* einerseits ebenfalls die Sehkraft bezeichnet, andererseits
aber auch in dem Sinne von „Vision, Erscheinung" gebraucht wird.
Das Gleiche ist der Fall bei Otfr. *Gisiuni* bedeutet sowohl „Augen"
und die nächste Umgebung der Augen, das „Gesicht", wie auch
das, was gesehen wird, der „Anblick".

Germ. *skawwôn* (ags. *sceáwian*, alts. *skauwôn*, ahd. *scouwôn*.)

Das Verb ist im Ags., Alts. und Ahd. belegt. Bei Otfr. steht
es in der Häufigkeit des Gebrauchs gar nicht weit hinter *sëhan*
zurück, und ziemlich oft ist *scouwôn* bei ihm eine Bezeichnung des
zufälligen Gewahrwerdens. Da jedoch auch bei ihm vielfach das
Verb die Bedeutung einer beabsichtigten Gesichtswahrnehmung
hat, und da *skawwôn* in den übrigen genannten Sprachen hauptsächlich in diesem Sinne vertreten ist, so haben wir bei der Besprechung dieses Verbs von dieser Bedeutung auszugehen. Absolut
gebraucht hat es nur Otfr. an einigen Stellen. Im fünften Buche
findet sich *scouwôn* zweimal dort, wo die Jünger der Himmelfahrt
Christi „nachspähen"; so V, 17, 38: *mit hantôn oba thén ougôn,* |
thaz baz sie mohtin scowôn, und V, 18, 3: *wes scowót ir thâr, guate
man?* In III, 21, 5/6 ist dann freilich auch *magan scowôn* gebraucht,
aber während im fünften Buche (V, 17, 38) die Bedeutung „spähen
können" klar hervortritt, handelt es sich hier nur um das „sehen
können", um die Fähigkeit, sich des Gesichtssinnes zu bedienen:
mit hantôn sînên ruarta | *thes betalares ougon,* | *thaz er sîd mohti
scowôn.* Nur scheinbar absolut ist *scouwôn* Otfr. III, 20, 81/82 verwendet; im Grunde genommen ist der nachfolgende Fragesatz
das Objekt: *biginnet, quâdun, scowôn giwaralîchên ougôn;* | *ist thiz
kind iuêr,* | *ther blintêr ward giboranêr.*

In Verbindung mit einem Objekte sind die Belege für *scawwôn*
zur Bezeichnung einer willkürlichen Gesichtswahrnehmung im Ags.,
Alts. und Ahd., wie schon erwähnt, ziemlich zahlreich. In der
Bedeutung „etwas in Augenschein nehmen" hebe ich aus dem
reichen Material nur einige Stellen heraus, z. B. Beów. 840/1: *ferdon*

folc-togon | *feórran ond neán* | *geond wîd-wegas* | *wundor sceáwian,*
oder Hel. 3819/20: *hiet hie thuo forth dragan* | *te scauuonne thia*
scattos, oder Otfr. V, 20, ₅₉/₆₀: *ther kuning biginnit scowôn* | *ginâd-*
lichên ougôn | *thie thâr zi zesue thuruh nôt* | *sînes wortes beitônt.*
Beów. 1413/4 liegt in *sceáwian* noch der Wunsch ausgedrückt,
das Wahrgenommene genauer kennen zu lernen, zu „durchsuchen":
hế feára sum | *beforan gengde* | *uîsra monna,* | *wong sceáwian.*
Und wie bei *seón,* so haben wir auch hier die Entwicklung, dass die
der Wahrnehmung vorhergehende Handlung, das „aufsuchen" des
wahrzunehmenden Objektes, durch *sceáwian* bezeichnet werden
kann, z. B. V. 3009: *þät wê þeód-cyning* | *þær sceáwian.* Und
da das „aufsuchen" vielfach nur in feindlicher Absicht geschah,
so kann *sceáwian,* ebenso wie altisl. *sœkja* und ags. *sêcan,* mit „angreifen" in der Bedeutung zusammenfallen; vgl. V. 2402/3: *gewât*
þá twelfa sum | *torne gibolgen* | *dryhten Geáta* | *dracan sceáwian.*

Im Ags. und Alts. ist die Verwendung von **scauwôn* zur
Bezeichnung des unwillkürlichen Gewahrens ziemlich vereinzelt. Die
Bedeutung „etwas erblicken" scheint mir Beów. 983/4 vorzuliegen:
siðδan äδelingas | *eorles cräfte* | *ofer heáhne hróf* | *hand sceáwedon,*
und im Hel. besonders dort, wo *skauuon* parallel zu *sëhan* gebraucht
wird, z. B. V. 2346/7: *endi liet sia is uuerc sehan* | *allaro dago*
gihuilikes | *is dâdi scauuon.* Nur bei Otfr. finden wir *scouwôn* häufig
in dem Sinne von „etwas gewahr werden". Vielleicht, dass ihn
zu diesem Gebrauche auch der sich leicht darbietende Reim veran-
lasste. Von den vielen Belegstellen hebe ich einige wenige heraus,
z. B. IV, 32, ₁: *muater sin thiu guata* | *thiz allaz scouôta,* oder I,
15, ₃₈: *in wolkon filu hôho,* | *sô scowôn wir nan scôno* etc.

Wenn Beów. 131/2 die Spur des Feindes „geschaut" wird:
þolode þrŷδ-swyδ, | *þegn-sorge dreáh,* | *syδδan hie þäs láδan* | *lâst*
sceáwedon, so ist wohl von einer thatsächlichen Gesichtswahrnehmung die Rede, aber trotzdem haben wir hier das Verb schon
im übertragenen Sinne aufzufassen, denn „die Spur des Feindes
schauen" besagt „einen feindlichen Angriff erleiden". Bei Otfr.
sind es III, 21, ₃₆ die Augen des Herzens, die die Wahrnehmung
ermöglichen: *mit thes herzen ougôn* | *muazin iamér scowôn,* und
Otfr. III, 20, ₁₃₉ ist es eine Eigenschaft, die „erschaut" wird: *oba*
thu scowôst thaz muat. Bei den Verben der Gesichtsempfindung
belegten wir schon oft die Entwicklung von „etwas ansehen" zu

3

beobachten" und dann für das Beobachtete „Sorge tragen". Hierbin
möchte ich den Gebrauch von *scouwôn* Otfr. V, 23, 178 rechnen, wo
der Dichter vom Himmelsgesang erzählt, der durch des Herrn
Sorgfalt so schön ist: *selbo scowôt er thaz,* | *bi thiu ist iz sô scônaz.*
Und hieraus ist dann weiter zu folgern, dass für das, wofür
man Sorge trägt, auch „eine Verantwortung übernommen" wird.
Otfr. IV, 24, 39 scheint mir hierfür ein Beleg zu sein: *ir selbo iz
hiar nû scowôt.* Es ist hier die Rede davon, dass Pilatus das Volk
die Verantwortung für Christi Tod übernehmen lässt. Der lat.
Text bot (Matth. XXVII, 24) *vos videritis,* und Tat. übersetzt (199, 11)
diese Stelle durch: *ir gisehêt.* — Wie wir im Ahd. zweimal es für
firsëhan belegt sehen (Otfr. IV, 30, 31 und Otfr. IV, 5, 63), kann das
„sehen auf etwas" auch zum Ausdruck der Hoffnung werden, die
man dem Erschauten gegenüber empfindet. Hierhin scheint mir
Beów. 204 zu gehören: *hwetton higerôfne,* | *hæl sceáwedon.*
Im Hel. besagt *endi scauwôn* V. 4581/2: *bi that hie thiu
uuurth gisihid* | *endi hie thes arbêdes* | *endi scaunôð* so viel wie
„sterben".

ahd. *ana-scouwôn.*

Otfr. gebraucht II, 22, 13 einmal dieses Kompositum: *beginnet
anascowôn* | *thio frônisgon bluomon.* Die Vulgata bot (Matth. VI, 28)
considerate lilia agri. Die Bedeutung bei Otfr. ist „aufmerksam
betrachten".

ahd. *bi-scouwôn.*

Auch dieses Kompositum ist nur bei Otfr. vertreten. In betreff
des Gebrauchs können wir einige Unterscheidungen machen. Scheinbar absolut findet sich das Verb IV, 15, 6: *ther sih thes muaz frowôn*
joh innana biscowôn, und ganz ähnlich auch V, 23, 51. An beiden
Stellen hat das Verb die Bedeutung einer absichtlichen Wahrnehmung. Das Objekt ist hier für uns zu ergänzen (und vom
Dichter wurde es wohl auch nur aus metrischen Gründen ausge-
lassen). — In den meisten Fällen steht *biscouwôn* in der Bedeutung
„etwas in Augenschein nehmen", z. B. II, 7, 61 : *„biscowo,"* *quad er,*
„inan sâr," oder V, 23, 227: *selbo thu iz biscowo* etc. In IV, 18, 1/2 tritt
zu der sinnlichen Wahrnehmung noch ein geistiges Moment hinzu.
Petrus will nicht nur die Verhandlung gegen Christus „sehen".

sondern auch „kennen lernen", was weiter geschieht: *Petrus folgêta imo thô | rûmana joh ferro, | thaz er biscowôti, | waz man imo dâti.* Zwei Verse weiter (IV, 18, 4) tritt dann *biscouwôn* ganz in der bildlichen Bedeutung auf „etwas kennen lernen": *wolt er in thên riwôn | thaz enti biscowôn.* — In der gleichen Weise, wie wir auch heute noch sagen können „sich in der oder jener Lage sehen", also in dem Sinne einer unabsichtlichen Wahrnehmung, wird *biscouwôn* Otfr. I, 28, 4 verwendet: *thaz wir unsih in thên riwôn | ni muazîn in biscowôn.* Und III, 18, 60 (*er thes sih muasi frowôn | then mînan dag biscowôn*) will „den Tag Christi sehen" besagen, dass man die Zeit Christi erleben kann.

ags. *ge-sceáwian*, ahd. *gi-scouwôn.*

Bei Otfr. bezeichnet III, 20, 86 auch dieses Kompositum in der Verbindung mit *magan* die Fähigkeit, sich der Augen zu bedienen: *thaz er nû mag giscouwôn | sô lûterên ougôn.* Nach Kelle (Glossar S. 220) gehört hierhin auch V, 17, 88 F., eine Stelle, die wir bei *scouwôn* schon besprachen. In III, 2, 11/12 wird vom Dichter das Objekt hinzugefügt, das wahrgenommen wird: *ir zeichan ni giscowôt, | thanne iu wirdit sô nôt, | wuntar seltsânu.* Hier ist von einer konkreten Gesichtsempfindung, dem „schauen", die Rede, während I, 15,17/18 der alte Symeon dem Herrn dafür dankt, dass seine Augen das Heil sehen konnten, es „erschauten", d. h. dass er die Geburt des Heilandes noch erlebte: *wanta thiu mîn ougun nû thaz giscowôtun | thia heili, thia thu uns garotôs.* Otfr. I, 4, 13/14 fleht der Hohepriester zu Gott, dass er die Blicke auf das betende Volk richten möchte. Er will damit sagen, Gott möchte dessen Bitten „erhören": *in gote ouh thanne thigiti, | thaz er giscowôti | then liut, ther ginâda | thârûze beitôta.* Auch heute noch kann „ansehen" soviel wie „Rücksicht nehmen, sich um etwas bekümmern" besagen.

Im Beów. findet sich *ge-sceáwian* nur in übertragenem Sinne. V. 3085 *(hord ys gesceáwod)* ist die „Entdeckung" des Schatzes gleichbedeutend mit der „Erwerbung" desselben. Eine Thätigkeit der Augen vertritt V. 3075/6 die eigentlich hier vorauszusetzende Thätigkeit des Gefühlssinnes, denn eine Huld oder Gnade wird „empfunden", nicht „geschaut": *gearwor häfde | âgendes êst | ær gesceáwod.*

ahd. *ir-scouwôn.*

Dieses Kompositum hat bei Otfr. im konkreten, wie auch abstrakten Sinne die Bedeutung einer Wahrnehmung, die ziemlich Alles, was in Augenschein genommen werden kann, in sich schliesst. Korrespondierend mit *irsagên, irhogên* und *irthenken* erscheint *irscouwôn* z. B. V, 23, ²⁴: *sîn ôra iz io gihôrtî | od ouga irscowôtî.* In V. 22, ₁₀ ist, wie bei *biscouwôn,* „den Tag schauen" gleichbedeutend mit „den Tag erleben", und zwar: „ihn gründlich nach allen Seiten ausleben". Auch hier folgt *irscouwôn* auf *irdrahtôn* und *irahtôn: nih man irscowôn ni mag | then selbon frônisgon dag.*

ahd. *umbi-scouwôn.*

Nur bei Otfr. II, 14, ₁₀₅/₆ ist dieses Kompositum einmal vertreten. Der ganzo Satz enthält eine Aufforderung, die Blicke nach allen Seiten zu wenden, und in dem Folgenden liegt dann die Erkenntnis, die durch die umfassende Thätigkeit der Augen verursacht wurde: *nu sehet, mit thên ougôn | biginnet umbiscowôn: nist akar hiar in rîche | nub er zi thiu nu bleiche.*

Die *skawwôn* zu Grunde liegende Wurzel *sku : skau* ist in den german. Sprachen auch sonst vertreten. Im Got. in *usskaus* (nur 1. Thess. 5, ₈), dessen Bedeutung „nüchtern, besonnen" aus „vorsichtig" zu entwickeln ist. In dem letztern Sinne fanden wir bei *gaumjan* im Altisl. ja auch das Adj. *geyminn* belegt. An die Bedeutung „besonnen" knüpft auch das Denominativum *usskaujan* an. Zu derselben Wurzel gehört ferner *skuggwa* = Spiegel und das Verbaladjektiv *skauns.* Letzteres ist ziemlich in allen germanischen Sprachen in der Bedeutung „schön" vertreten. (Die ausführliche Untersuchung der einzelnen Fälle bleibt dem dritten Teile dieser Arbeit vorbehalten.) Dass es aber einst nur das bezeichnete, was den Augen durch Glanz oder Schönheit zur Wahrnehmung sich darbot, beweisen die Zusammensetzungen, die sich weiter im Got. finden: *ibnaskauns* = gleichgestaltet, *gupaskaunei* = Gottesgestalt.

Zur selben Wurzel *sku: skau* gehören auch die zwei folgenden, nur in der Edda belegten Verben.

Germ. *skuðôn (altisl. skoþa).

Skoþa kommt an drei Stellen der Edda vor, und zwar bezeichnet es immer eine angestrengte Thätigkeit des Gesichtssinnes. Ohne Bezug auf ein erspähtes Objekt steht das Verb Hǫv. 7, 4/5: eyrom hlýþer, | en augom skoþar. Eine Bewegung des sehenden Subjekts auf das Objekt hin, um es sorgfältig in Augenschein zu nehmen, ein „rekognoszieren" liegt vor in HHv. 26, 1/3: Hina vildo heldr, Helge! | es réþ hafner skoþa | fyrre nótt meþ firom. Das Medium skoþask steht Hǫv. 1, 1/3 in der Bedeutung „spähen": Gátter allar, | áþr gange fram, | um skoþask skyle.

Germ. *skuwwinôn (altisl. skygna).

Hǫv. 1, 4 findet sich skygna einmal gebraucht. Es ist dort in der Medialform belegt: um skygnask skyle. In der Bedeutung steht das Verb augenscheinlich parallel zu dem gerade vorher erwähnten Medium skoþask. Vigf. bietet aus der Prosa noch verschiedene Belege des Verbs in der Bedeutung „spähen". Bei Noreen (Altisl. Grammatik § 246, Anm. 2) findet sich noch ein Adj. skygn = „klarsehend", das lautlich und dem Sinn nach gut zu diesem Verb passt.

Germ. *snuwwôn (altisl. snugga).

Snugga, nach Gering „lauernd schielen" bedeutend, ist nur Skírn. 27, 1/4 vertreten, wo Skírnir die Riesentochter Gerðr verwünscht: Ara þúfo á | skaltu ár sitja | horfa heime ór, | snugga heljar til. Nach Noreen (Altisl. Gramm. § 253, 6) wäre dies Verb lautlich an snúa = „drehen, wenden," anzuschliessen. Die Begriffsentwicklung ist dann wohl so zu denken, dass die beim Schielen charakteristische Bewegung des Augapfels schliesslich den erst nachfolgenden Akt der Wahrnehmung bezeichnet hätte. Vigf. führt das Verb in der Bedeutung „sich nach etwas sehnen, nach etwas trachten" an. Ich habe das Verb hier zu den „primären" Verba

gerechnet, weil es an der einzigen Stelle, wo es vorkommt, augenscheinlich zur Bezeichnung einer Gesichtsempfindung Verwendung
findet.

Germ. *spiohôn (ahd. spiohôn).

Otfr. IV, 11, 1/2: sô sie thô thâr gâzun, | noh thô zi disge sâzun: |
spiohôta ther diufal | selbon Jûdasan thâr. Dies ist die einzige Stelle,
wo spiohôn bei Otfr. vorkommt. Und nicht einmal alle Otfr.-Hand-
schriften stimmen in der Schreibung des Verbs überein. Die Hand-
schrift F weist nur spiota auf, und über dieses Wort ist dann,
um den Fehler des Schreibers zu verbessern, spuan geschrieben
worden. Wahrscheinlich dachte man bei spiota nicht mehr an
spiohôn und nahm die Verbesserung in Erinnerung an IV, 8, 18 (sô
ther diufal inan spuan) vor (Kelle, Glossar S. 555). Für IV, 11, 12
lautete (nach Kelle, a. a. O.) die lateinische Vorlage (Luc. XXII, 3)
intravit satanas in Judam. Das Simplex scheint hier perfektivischen
Sinn zu haben, die Bedeutung des Verbs scheint hier nicht „spähen",
sondern „erspähen" zu sein.

Bei Tat. ist das Verb gar nicht vertreten. Braune nimmt
in seiner Ahd. Grammatik (2. Aufl. § 29, Anm. 5) an, dass das io
in spiohôn eine Brechungsform für ë vor h sei, dass *spiohôn also
mit *spëhôn identisch sei. Er führt ferner aus Rb. paspeohôn
und spiohara (speculatores), und aus Gl. 2, 818 spiohan an. Es
würde den Rahmen meiner Arbeit überschreiten, wollte ich das
Verhältnis zwischen *spëhôn und *spiohôn näher untersuchen, um
die Frage zu entscheiden, ob die beiden Verben wirklich identisch
seien.

Germ. *starên (altisl. stara, ags. starian, ahd. starên).

Für das Altisl. belegt Vigf. stara im Ganzen dreimal, und in
der Edda ist das Verb ausserdem noch einmal vertreten und zwar
Skírn. 28, 1/4: at undrsjónom þú verþer, | es þú út kemr, | á þik
Hrimner hare, | á þik hotvetna stare. Zu dieser Stelle passt die

Bedeutung „die Augen unbeweglich auf jemand richten" ganz gut, und auch das einmal von Otfr. gebrauchte *starên* vertritt an seiner Stelle durchaus denselben Sinn; vgl. Otfr. III, 17, 43/44: *nihein thârinne bileib, | unz er thâr nidare thô skreib; | iagilih sîn zilôta, | unz er só nidar starêta.* Im Beów. findet *starian* sechsmal Verwendung, aber nur auf eine dieser Stellen scheint mir für das Verb die für den Gebrauch in der Edda und bei Otfr. vorauszusetzende Bedeutung annehmbar zu sein. Es ist V. 1603/4 die Rede davon, wie die Männer Beówulfs am Ufer sitzen und unverwandt auf das Meer blicken, aus dessen Tiefe ihr Herr schon längst hätte zurückkehren sollen: *gistas sêtan, | môdes seóce, | ond on mere staredon.* In den übrigen Fällen hat das Verb nur die Bedeutung einer willkürlichen Gesichtswahrnehmung, ohne dass sich die Vorstellung hinzugesellte, dass die Augen unbeweglich auf das Objekt geheftet werden. Ich führe zum Beweise zwei Stellen an, z. B. V. 1485/8: *mäg þonne on þæm golde ongitan | Geáta dryhten, | geseón sunu Hrêðles, | þonne hê on þät sinc staráð, | þät ic gum-cystum | gôdne flunde | beága bryttan,* oder V. 2795/7: *ic þâra frütwa | freán ealles þanc | wuldur-cyninge | wordum secge, | êcum dryhtne, | þê ic hér on starie* etc.

Bei der Übereinstimmung des Altisl. und des Ahd. haben wir für *starên* die Fixierung des Blicks sehr wahrscheinlich als primäre Bedeutung zu betrachten und anzunehmen, dass die im Beów. hauptsächlich vertretene Bedeutung „schauen" erst sekundäre Abschwächung ist.

Germ. *warðón, *warðên (altisl. *varþa,* ags. *weardian,* alts. *wardon,* ahd. *wartên*).

Wir scheinen hier von der Grundbedeutung „die Augen aufmerksam auf etwas richten" ausgehen zu können, vgl. Otfr. I, 17, 36, wo von der Sternbeobachtung der Magier die Rede ist: *joh filu frawalicho | sîn wartêtun gilîcho,* oder IV, 35, 24: *sie wârun wartênti, | wara man nan legiti.* Aus der jeweiligen Situation ergaben sich dann Modifikationen dieser Bedeutung. Hel. 5756/8 ist das Verb absolut gebraucht in dem Sinne von „wachen": *nu thu hier uuardon hêt | obar them grabe gômian, | that ina is iungron thâr | ne farstelan an themo stêne*, und Skírn. 11, ₂/₃ wird das Objekt hinzugefügt, über welches „Wache gehalten" wird: *es þú á hauge sitr | ok varþar alla vega*. An dieses Behüten des Objekts vor einem Angriff knüpft dann weiter die Bedeutung an, dass für das Objekt „Sorge getragen" wird. Hierfür liefern Hel. und Otfr. den Beweis. Hel. 384/5: *uuib uuacoiandc, | uuardoda selbo, | held that hëlaga barn*, und Otfr. II, 4, ₅₉: *sie thin giwaro wartên | joh thih harto haltên*, oder Otfr. I, 28, ₉: *thaz hirta sîne uns wartên | inti unsih io gihaltên*. Das Objekt kann aber auch in böswilliger Absicht beobachtet, ihm „aufgepasst" werden; vgl. Akv. 14, ₁₂/₁₃: *verþer sóto úte | at varþa þeim Gunnare*.

An die von uns angenommene Grundbedeutung „die Augen aufmerksam auf etwas richten" schliesst sich der Gebrauch des Verbs Otfr. IV, 18, ₂₄ an: *wanta ih gistuant thin wartên | thâr in themo garten*. Der lat. Text (Joh. XVIII, 24) bot dem Dichter *nonne ego te vidi in hortu*. Hier ist die Rede von dem Knechte des Hohepriesters, der dem Petrus nicht sagen will, dass er ihn schon „beobachtet" hätte, sondern einfach konstatiert, ihn im Garten „gesehen" zu haben.

Die vorhin belegte Bedeutung „Sorge tragen für etwas". kann das Verb auch im übertragenen Sinne vertreten. Es heisst z. B. Otfr. II, 12, ₈₃: *ther avur thes ni wartêt, | in theru ungiloubu irhartêt*. In der Übersetzung von Otfr. V, 11, ₃ möchte ich mich Erdmann anschliessen, der hier *wartên* in dem Sinne von „aufmerken" auffasst: *thên buachon maht thâr wartên*. Kelle hingegen nimmt hier das Verb in der Bedeutung „vertrauen". Für diese Auffassung müsste man an eine Entwicklung anknüpfen, wie wir sie für *firsëhan* bei Otfr. und für *sceáwian* im Beów. belegt fanden. Es schliesst das „hoffen auf etwas", ja zugleich auch ein „vertrauen" ein.

Ein „hüten" der eigenen Persönlichkeit, um sie vor Gefahr zu schützen, drückt *warðôn* verschiedentlich aus, z. B. Hel. 4355/7: *furi thiu gi uuardon sculun, | that hie iuu slâpandia | an suefrastu ; fârungo ne bifâhe*, oder Otfr. II, 23, ₇: *wartêt iu io harto | fon driagero worto*. Und hieraus folgt dann, dass man das, vor dem man „sich hüten" möchte, „vermeidet". So heisst es denn z. B. Hel. 5471/2: *ne uuardoda im nieuuiht | thia suârun sundiun*. Von dem Gedanken ausgehend, dass nur Wichtiges bewacht und gehütet

wird, gewinnt im Altisl. *varþa* die Bedeutung „etwas für wichtig
halten". In der Edda ist das Verb in diesem Sinne dreimal vertreten. Hyndl. 17, ₇: *varþar at vite svá*, mit den gleichen Worten
Hyndl. 18, ₉, und ferner Am. 5, ₈: *hugþot þat varþa.* — Im Ags.
folgt aus dem „bewachen" einer Gegend, gerade so wie bei **haldan*,
auch das „bewohnen" derselben; vgl. Beów. V. 104/5: *fifel-cynnes
eard ' wonsælig wer | weardode hwile*, und V. 2076: *þær wê gesunde | sül
weardodun.* Eine Verbindung wie *lâst* oder *swaðe weardian* dient
dann im Beów. dreimal zur poetischen Umschreibung verschiedener
Handlungen. V. 2164/5 bedeutet das Bewachen der Spur ein „auf
den Füssen folgen": *feówer meáras | lungre gelice | lâst weardode.*
In den beiden andern Fällen lässt sich die Umschreibung ganz gut
durch „zurückbleiben" übersetzen, indem man von dem Gedanken
ausgeht, dass derjenige, der den Weg eines Andern beobachten
will, zu diesem Zweck hinter ihm zurückbleiben muss; vgl. V. 971/2:
hwädere hê his folme forlêt | tô lîf-wraðe | lâst weardian, und
V. 2099/2100: *hwäðre him sió swîðre | swaðe weardade | hand on
Hiorte.*

alts. *gi-wardon*, ahd. *gi-wartên*.

Dieses Kompositum ist im Hel: zweimal und bei Otfr. dreimal
belegt. Es steht in allen Fällen in einer Bedeutung, die wir auch
bei **warðôn* vertreten fanden, d. h. „die eigene Person vor Schaden
hüten". Ich führe aus beiden Denkmälern je eine Stelle zum Belege
an. Hel. 1516: *huand hie im giuuardon ni mag*, und Otfr. II, 5, ₃:
wir sculun drahtôn bi thaz, | thaz wir giwartên uns thiu baz.

Im Got. ist zu dieser Ableitung der Wurzel *wor-* einmal ein
Substantivum *wardja* = Wächter im Gebrauche. Ausserdem findet
sich dieselbe noch in Zusammensetzungen wie z. B. *dauráwards* =
Thürwächter etc.

Für das Altisl. belegt ausser den aus der Edda erwähnten
Bedeutungen Vigf. für *varþa* noch „garantieren, verteidigen, ab-
halten" etc. Die mit *-varþ* zusammengesetzten Wörter haben alle
den Sinn von „bewachen".

Im Ags. bezeichnet *weard* den Hüter und dann hauptsächlich
den Besitzer. Zahlreich sind auch dort die mit *-weard* gebildeten
Komposita. In gleicher Weise hat das Alts. Zusammensetzungen

mit -ward, und auch Otfr. hat solche Komposita, wie z. B. duri-
wart, dann êwart etc. Bei Tat. wird wartên zur Übersetzung von
carere gebraucht.

Germ. *warnôn, *warnên (altisl. varna, ahd. warnên).

Das Verb wird zweimal in der Edda und verschiedentlich
bei Otfr. verwendet. In der Mehrzahl der Belege wird es in
dem Sinne von „sich vor etwas hüten“ gebraucht, also in derselben Bedeutung, die wir auch für *warðôn und *ga-warðôn belegt
fanden. In der Edda findet varna Akv. 40, 3/4 in dieser Weise Verwendung: vápn hafþe ekke, ¦ varnaþet viþ Goþrúno, und ebenso warnên
bei Otfr. IV, 7, 69: er zalta ouh bilidi ander, | thaz sie sih warnêtun
thiu mêr, oder IV, 14, 7: gibôt er thô in thên nôtin, | thaz sie sih
warnôtin. Wie z. B. bei *gahaldan, so entwickelt sich aus dem „sich
vor etwas hüten“ das „sich verteidigen“; vgl. Otfr. II, 3, 56: ingegin
widarwinnôn | sô skulun wir unsih warnôn.
In Otfr. III, 24, 75/76 ist das Verb bildlich gebraucht. „Sich
hüten vor einem Schmerze“ heisst „sich vorsehen, dass er einem
nicht zustösst“: bî hiu er ni bidrahtôt iz êr; | bî hiu er sih thes
leides | êr ni warnôti, lês. In Akv. 29, 6/8 hütet Goþrún die Thränen,
d. h. sie „hält die Thränen zurück“: Goþrún sigtíva | varnaþe viþ
tǫrom, | vaþen i pyshǫllo. Vigf. belegt varna nur in der Bedeutung
to warn off = „abwehren, verteidigen“; im Ags. vertritt wearnian
nach Grein sowohl ein „sich hüten“ wie „sich etwas versagen“.
Das Subst. wearn ist einmal im Beów. gebraucht als „Weigerung,
Versagung“. Das dort ebenfalls vertretene Adverbium unwearnum
bedeutet, dem angesetzten Grundbegriffe entsprechend, „unver-
sehens“.

ahd. gi-warnôn.

Dieses Kompositum ist Otfr. IV, 7, 28.26 zweimal vorhanden:
ih wisero worto | giwarnôn iuih harto, | rehtera redina; | ir birut
mine thegana. | Ih bin selbo zi thiu | joh thâr ouh sprichu ûzar iu,
giwarnôn herzen guates | joh thrâto festes muates. Nach Kelle und
Piper vertritt giwarnôn hier den Sinn „zur Verteidigung aus-
rüsten“. Eine solche Übersetzung des Verbs scheint allerdings hier

durch den Zusammenhang geboten. In dem zu grunde liegenden lat. Texte (Matth. X, 19) giebt Christus seinen Jüngern das Versprechen, sie zur richtigen Stunde mit weiser Rede auszustatten: *nolite cogitare, quomodo aut quid loquamini, dabitur enim vobis in illa hora, quid loquamini.*

Germ. *warôn (altisl. vara, ags. warian, alts. waron).

Das Verbum scheint im Germ. wie die bisher behandelten Ableitungen der Wurzel wor- ursprünglich „die Augen aufmerksam auf etwas richten“ zu bedeuten. In dem Sinne von „bewachen“ kommt Beów. 2277/8 in Betracht: *þær hê hæðen gold | waraŏ wintrum froŏ,* und ebenso auch Hel. 2912/3: *neriendi Crist | uuaroda thiu uuáglithand.* Marc. VI, 48 heisst es hier allerdings: *videns eos laborantes,* und wenn der Dichter diesem Texte getreu folgen wollte, so würde *waron* hier nur in der Bedeutung „beobachten“ stehen. Dies wäre mit dem Folgenden auch nicht im Widerspruche, da nirgends gesagt wird, dass Christus mit der Beobachtung seiner Jünger irgend welche Absichten verbunden habe. Zu dieser Bedeutung würde auch der Gebrauch von *waron* V. 3763/4 stimmen: *that all drohtin Crist | uuaroda uuislíco.* — In übertragenem Sinne vertritt das Medium *varask* in der Edda dreimal die Bedeutung „sich hüten“; z. B. Rm. 1, s: *kannat sér vip vite varask.* Das Ags. bietet für *warian* ziemlich dieselbe Bedeutungsentwicklung wie z. B. für *weardian.* Das „bewachen“ einer Gegend wird auch für *warian* identisch mit dem „bewohnen“: vgl. Beów. V. 1266: *wêsten warode,* und V. 1358/9: *hie dygel lond | warigeaŏ, wulf-hleoŏu, | windige nässas.* Im Hel. V. 4648/9 ist — analog zu *haldan* und unserm heutigen „beobachten“ — das „eine Vorschrift im Auge behalten“ gleichbedeutend mit der „Ausführung“ derselben: *that it eldibarn after lêstian, | uuaron an thesaro uueroldi.* Und auch für *waron* entwickelt sich aus dem „einen festlichen Tag im Auge behalten“ die Bedeutung „feiern“; vgl. V. 4215/6: *thâr sia thia hêlagun tîd | uuarodun an them uuîhe.* Wie wir schon bei *sëhan* und *ga-sëhan* beobachteten, kann auch aus dem „sehen“ die Bedeutung „aufsuchen“ sich entwickeln. Hierfür bieten das Ags. und das Alts. einen Beleg. Beów. 1254/5 hält Grendel Heorot nicht immer besetzt, sondern sucht ihn nur nachts auf: *siððan gold-sele | Grendel warode, | unriht äfnde.* Und Hel. 1001/4 steht *ênigan man uuaron* parallel zu *cuman mid craftu: sô huár sô ik gisáuui unârlîco | thena hêlagna gêst | fan hebanuuange | an thesan middilgard | ênigan man uuaron, | cuman mid craftu.*

Von Heyne wird ferner für *waron* in intransitivem Gebrauche auch die Bedeutung „bleiben, währen" durch zwei Stellen aus dem Hel. belegt: V. 3481: *sô lango sô im is lîb uuarod,* und V. 4687/8: *sô lango sô mi min uuaroð | hugi endi handcraft.* Kluge fasst in seinem etymologischen Wörterbuche (S. 394) das alts. *waron* an diesen Stellen als ein ganz anderes Verb auf und vereinigt es mit ahd. *wërên.*

alts. after-waron.

Im Hel. V. 3758/60 vertritt *after-waron* die Bedeutung „auf etwas sorgfältig Acht geben", und zwar in übertragenem Sinne: *stuod im thuo for them uuîhe | uualdandi Crist, | liob landes uuard, endi im thero lindeo hugi | iro uuilleon afteruuaroda.* Das Verb findet sich noch an einer andern Stelle (V. 2320/2), aber nur im Monacensis gebraucht (die Handschrift *C* schreibt *afterfardun*): *thuo sprâkun im eft | thia liudi angegin, | grâmherta Judeon, | thia thes godes barnes | uuord afterfardun* (M.: *afterwardun*). Das Beobachten der Worte geschieht in schlimmer Absicht. Wir haben hier, wie bei *varþa* im Altisl. und später bei **fêrên* die Bedeutung „jemand nachstellen".

Im Got. wird das ebenfalls zur Wurzel *wor-* gehörende Adj. *war* in demselben Sinne gebraucht wie *usskaus.* Auch *war wisan* dient (1. Thess. V. 6) zur Übersetzung von *νήφειν*: *ak wakaima jah warai sijaima.* Das Subst. *warei* steht 2. Kor. IV, 2 für *πανουργία.* Wir haben hier an die Bedeutung „nachstellen" anzuknüpfen. Die Schlechtigkeit und Tücke des Subjekts veranlassen dieses zum „auflauern". Bei dem Subst. *warei* treten nun diese Motive in den Vordergrund der Bedeutung.

Germ. *wîtjan (got. *weitjan).

In der Grundbedeutung scheint diese Ableitung von der weitverbreiteten idg. Wurzel wid-, ebenso wie diese Wurzel selbst, die Bezeichnung einer Gesichtsthätigkeit gewesen zu sein. Das Simplex ist in unsern Denkmälern nicht belegt.

got. fair-weitjan.

In dem Sinne „unverwandt auf etwas blicken" ist dieses Kompos. im Got. verschiedentlich im Gebrauche, z. B. Luc. IV, 20: allaim wêsun augôna fairweitjandôna du imma, oder 2. Kor. III, 7: swaei ni mahtêdeina sunjus Israêlis fairweitjan du wleita Môzêsis. In all' diesen Fällen dient es zur Übersetzung von ἀτενίζειν. — Die Bedeutung „spähend blicken", und zwar in übertragenem Sinne, hat fairweitjan 2. Kor. IV 18 als Wiedergabe von σκοπεῖν: unsis ni fairweitjandam þizê gasaihvananê ak þizê ungasaihvananê. Von dem „betrachten" muss sich dann die Bedeutung zu einem „neugierig betrachten" verengert haben, und die Neugier ist die Veranlassung des Vorwitzes. Fairweitjan vertritt bei Wulfila zweimal ein „vorwitzig sein" als Übersetzung von περιεργάζεσθαι, bezw. περίεργος, z. B. II. Thess. III, 11: hausjan auk sumans hvairbandans in izwis ungatassaba, ni waiht waurkjandans ak fairweitjandans. Neben dem Verb steht 1. Kor. IV, 9 noch ein Subst. fairweitl = θέατρον: fairweitl waurþum þizai manasêdai.

Germ. *witên (got. witan, ags. weotian).

Bei diesem Verb tritt die schon so oft als Grundbegriff belegte Bedeutung „auf etwas achten" im Got. ebenfalls in den meisten in Betracht kommenden Stellen in den Vordergrund. Witan dient in diesem Sinne zur Übersetzung von vier griech. Verben: ἀσφαλίζεσθαι, τηρεῖν, φυλάσσειν, φρουρεῖν. Für jeden dieser Fälle will ich ein Beispiel anführen; vgl. Luc. II, 8: witandans wahtwôm nahts ufarô hairdai seinai (φυλάσσειν); Matth. XXVII, 64: Hait nu witan þamma hlaiwa (ἀσφαλίζεσθαι), Matth. XXVII, 54: iþ hundafaþs jah *þai miþ imma witandans Jesua* (τηρεῖν), II. Kor. XI, 32: *in Damaskon fauramaþleis þiudôs Araitins þiudanis witaida baurg Damaskai* (φρουρεῖν). Der Unterschied in der Bedeutung beruht auf der Verschiedenheit des Objektes. Luc. II, 8 geschieht die Bewachung, damit das Vieh weder fortläuft, noch angegriffen wird. In den beiden folgenden Stellen ist nur von einer Beobachtung zum Schutze die Rede, und II. Kor. XI, 32 wird die Bewegung des Objekts bewacht in der Absicht, es zurückzuhalten. Die aufmerksame Beobachtung eines Objekts kann ferner zur Ursache haben, dass man eine Blösse an ihm zu entdecken sucht für einen Angriff, sei es in konkretem, sei es in abstraktem Sinne. Also auch hier wird wieder das „belauern“ zum „auflauern“; vgl. Marc. III, 2: *witaidêdun imma. hailidêdiu sabbatô daga* (παρατηρεῖν), und Luc. VI, 7: *witaidêdunuh þan þai bôkarjôs jah Fareisaieis, jau in sabbatô daga lêkinodêdi* (παρατερεῖν). „Einen Festtag beobachten“ geht Joh. IX, 16 auch bei *witan* in die Bedeutung „feiern“ über: *þandê sabbatê daga ni witaiþ* (τηρεῖν). Aus dem „achten auf eine Gefahr“ folgt II. Tim. IV, 15 dann das „vermeiden“: *þammei jah þu witai.* Das „achten auf eine Persönlichkeit“ kann aber auch dadurch veranlasst werden, dass man auf diese Rücksicht zu nehmen wünscht, dass sie bei uns in „Ansehen“ steht. Hierfür bietet Marc. VI, 20 einen Beleg: *jah witaida imma*; hier handelt es sich um die Verehrung des Herodes für Johannes. Im Beów. wird V. 1937, wahrscheinlich an eine allerdings sonst nicht belegte Bedeutung „für etwas Sorge tragen“ anschliessend, *weotian* in dem Sinne von „etwas besorgen“ verwendet: *ac him wäl-bende | weotode tealde.* Und schliesslich entwickelt sich aus dem „achten auf etwas“ im übertragenen Sinne ein „in Betracht, in Berechnung ziehen“; hieraus ist dann die Bedeutung „berechnen“, wie sie sich für *witan* Gal. IV, 10 findet, zu folgern: *dagam witaiþ jah mênôþun jah mêlam ja aþnam.*

ags. be-weotian.

Auch für dieses Verb scheinen wir am besten von der Bedeutung „ein Objekt im Auge behalten“ auszugehen. Die Bewachung hat Beów. 2213 (*se þe on heáre hæðe | hord beweotode*) den Zweck, das Objekt vor einem Angriff zu schützen, während V. 1136/7 das Wetter beobachtet wird, um zu erkennen, ob der Frühling gekommen sei: *þâ þe syngales | sêle bewitiað, | wuldor-torhtan* weder. V. 1797/8 vertritt das Verb die schon so oft belegte Bedeutung „für etwas Sorge tragen": *sê for andrysmum | ealle bewcotode | þegnes þearfe*. Das „Sorge tragen" für eine Reise will V. 1429/30 zugleich auch die Ausführung derselben besagen: *þá on undern-mæl | oft bewitigað | sorh-fulne sîð | on seglrâðe.*

Die bei *sëlvan, *warôn etc. belegte Entwickelung von der Bedeutung einer Gesichtswahrnehmung zu der Bedeutung „etwas aufsuchen", ist bei *vitja* in der Edda allein hervortretend, z. B. Vkv. 22: *þá flugo þær at vitja viga*, oder Vafþr. 1, 2/3: *alls mik fara tîþir | at vitja Vafþrúþnis* etc. Auch für *weotian* bietet Grein Belege für diese Bedeutung. Bei Otfr. ist das Kompos. *giwizzên* zweimal gebraucht in dem Sinne von „befähigt, geeignet sein", z. B. II, 10, 13: *thie zi thiu giwizzênt, | zi hêrôst ouh nû sizzent.* *Irwizzên* verwendet der Dichter III, 1, 23 in derselben Bedeutung: *theih hiar in libe irwizze, | zi thînemo disge ouh sizze.* Dagegen soll nach Kelle das Verb III, 22, 13 die Bedeutung „etwas halten, beobachten" haben: *wil du iamêr thes irwizzên.* Für Erdmann ist es wahrscheinlich, dass Otfr. hier das bei Tat. öfters belegte Verbum *arwizan = discedere* meinte, oder dass es sich hier um ein Verbum *irwizzen* in dem Sinne von „unverständig sein oder bleiben" handeln könnte.

─────────

Germ. *wlîtan (altisl. *lîta*, ags. *wlîtan*).

Die Grundbedeutung dieses nur im Altisl. und Ags. belegten Verbs scheint eine beabsichtigte Gesichtswahrnehmung zu sein. Das Verb steht entweder mit einem die Richtung angebenden Adverbium, so Hym. 35, 1/4: *Fóro lenge | áþr lîta nam | aptr óþens sonr | eino sinne*, oder mit dem Objekt, auf das die Blicke sich richten, z. B. Sdm. 3, 4/5: *óreiþom augom | lîteþ okr þiney*, oder mit einer Präposition, z. B. Vsp. 28, 4: *ok î augo leit*, ebenso Beów. 1593: *þá þe mid Hrôðgâre | on holm wliton* etc. In Gþr. II, 8, 1/2 (*Lîtto þár Sigurþ á suþrvega*) scheint das Verb die Bedeutung „aufsuchen" angenommen zu haben, denn auf diese Aufforderung hin erzählt 11, 1/4 Goþrún

weiter: *Hvarfk ein þaþan | andspille frá ¦ á viþ lesa | varga leifar.*
Lîta epter besagt Grp. 21, 1/4 ein „sehen" in übertragenem Sinne,
ein „erforschen" der Zukunft: *Lá mér af œsko | œva þinnar* ¦
ljósast fyrer | lita epter. In der Bedeutung durch die Thätigkeit
des Geistes „Kenntnis von etwas erlangen" wird *lita* Grp. 36, 1/2
verwendet: *Mein ero fyr hondom, | mák lita þat.* HH. II, 46, 7/8
werden vom Dichter die offenen Wunden als das sehende Subjekt
aufgefasst: *þótt mér á brjósti | benjar lîti.*

Die übrigen german. Sprachen zeigen, ausser dem gleich zu
behandelnden Verbum *wlaitôn*, nur vereinzelte Vertretungen der
Wurzel *wlid-*. Im Got. ist das Subst. *andawleizn* nur als Übersetzung von πρόσωπον gebraucht, während das ebenfalls bei Wulfila belegte *wlits* einerseits im gleichen Sinne Verwendung findet,
andererseits aber auch das ganze Äussere in sich begreift. In der Edda
bedeutet das Subst. *litr* entweder das, was im Allgemeinen von einem
Objekte gesehen wird, das „Äussere", oder es dient zur Benennung
eines der hervorragendsten Merkmale des Objektes, der „Farbe".
An letztere Bedeutung schliesst sich das Verb *litka* = „färben" an.
Das Subst. *álit* begreift wieder das ganze Äussere eines Objektes,
das den Augen sich darbietet, in sich. Im Beów. finden wir gleichfalls *wlite* = „Gestalt", *wlite-seón* = „Anblick". Im Adj. *wlitig* tritt
noch der Gedanke hinzu, dass das, was besonders ins Auge fällt,
„schön" sei (vgl. *skau-ni-*). Bei dem alts. Subst. *wlîti* = „Aus-
sehen" folgt die sekundäre Bedeutung „Glanz, Licht" daraus, dass
besonders das Leuchten des Objekts diejenige Eigenschaft ist, die
ein Gesehenwerden desselben ermöglicht.

———

Germ. *wlaitôn (got. wlaitôn, ags. wlâtian).

Diese Ableitung der Wurzel *wlid-* findet sich je einmal bei
Wulf. und im Beów. in der Bedeutung einer konkreten Gesichtswahrnehmung verwendet. In beiden Fällen wird das Verb absolut,
im Ags. in Verbindung mit einem Adverbium gebraucht, und es

bezeichnet eine Anstrengung der Augen, um ein Ziel zu erreichen; vgl.
Marc. V, 32: *jah wlaitôda saihran þô þata taujandein* (περιβλέπεσθαι),
und Beów. 1916/7: *sê þe ær lange tîd, | leófra manna | fûs, ät farôðe |
feor wlâtode.* In der Edda ist *leita* nicht in der Bedeutung einer Gesichtsempfindung vertreten. Wir haben aber dort auch solche Entwicklungen, wie sie uns bei den Verben des Sehens verschiedentlich begegnet sind. An den Wunsch, etwas zu sehen, an das „spähen",
schliesst sich das „suchen" und dann das „aufsuchen" an; vgl. Vkv.
Prosa 24/25: *Slagfiþr leitaþe Svanhvitrar,* oder HH. II, 1, Prosa 2/3:
Hundingr konungr sende menn til Hagals at leita Helga etc., und
aus dem „bewachen" folgt „Sorge tragen für etwas", und aus
diesem die Bedeutung „Jem. etwas besorgen, etwas erweisen",
so z. B. Gþrkv. I, 8, 7/8: *sva at mér manngi | munar leitaþe.*

II.

Verba, die sekundär eine Gesichtsempfindung bezeichnen.

———

Germ. *ahtôn (ags. eahtian, alts. ahton, ahd. ahtôn).
Die idg. Wurzel ok° hat eine weite Verbreitung. Ursprünglich muss sie eine Gesichtsempfindung bezeichnet haben. In den
germanischen Sprachen findet sie jedoch in der Bedeutung einer
geistigen Wahrnehmung Verwendung, und erst neuerdings (bei
Otfrid) entwickelt sich bei ahtôn, dem Denominativ von ahta
(Stamm ahtō-) = „Nachdenken, Wert, Ansehen," sekundär die Bedeutung einer eigentlichen Gesichtsempfindung. — Im Gotischen hat
diese Wurzel nur solche Vertretungen, welche die Gesamtheit der
geistigen Fähigkeiten ausdrücken. Daran schliesst sich — wie
auch bei „Verstand" — die Folgerung, dass überhaupt schon das
Vorhandensein dieser Fähigkeiten die Vortrefflichkeit derselben
kennzeichnet. Wir haben also neben got. aha (νοῦς) ein Subst.
inahei (σωφροσύνη) und ein Adjektiv inahs (φρόνιμος). Daneben
bedeutet ahjan die Äusserung dieser geistigen Fähigkeiten, während
ahma etc. die treibende Kraft darstellt, die diese Äusserung hervor-
bringt. — In der Edda hat ætla, das zu dieser Wurzel zu stellen
ist (Grundform *ahtilôn), an den meisten Stellen denselben Vor-
stellungsinhalt wie got. ahjan. Diesen vertritt auch vielfach ahd. ahtôn
bei Otfrid, und so haben wir als Ausgangspunkt für die Entwickelung
des Verbs eine Bezeichnung der Thätigkeit des Geistes, „etwas glauben,
meinen", anzunehmen. Wenn der Geist dann in einer bestimmten
Richtung angestrengt wird, so gewinnt das Verb die Bedeutung
„etwas überlegen", und von hier aus, indem man sich den Geist als
sehendes Subjekt vorstellt, gelangt man zu dem Begriff „etwas in Be-
tracht ziehen"; vgl. Hel. 1714/5: than hie ahtoie | ôðres mannes | saca endi
sundea, und Otfr. I, 27, 5: sie ahtôtun thia guatî | joh sîne gomaheiti.

Eine sowohl im Ags., wie im Alts. und Ahd. belegte Entwickelung von *ahtôn* lässt sich an diese Bedeutung des Verbs
anschliessen. Die geistige Wahrnehmung führt zur Aussprache
über dieselbe, zu „besprechen“; so z. B. Beów. 172/3: *ræd eahtedon* |
hwät swiŏ-ferhŏum | *sêlest wære,* Hel. 3234/5: *than hie it gihôrid helitho
filo* | *ahton eldibarn,* und Otfr. IV, 8, 8: *bigondun thie êwarton* | *ahtôn
kleinên worton.* — Im Beów. tritt noch der Gedanke hinzu, dass
das Besprechen im lobenden Sinne geschehe; vgl. z. B. Beów. 1222/3:
hafast þû gefêred, | *þät þê feor ond neáh* | *ealne wide-ferhŏ* | *weras
ehtigaŏ.* Vielleicht auch können wir annehmen, dass *eahtian* hier
in der Bedeutung stehe, in der wir auch heute „achten“ gebrauchen
können, d. h. dass wir dem Charakter und dem Geiste einer Person
Anerkennung widerfahren lassen. In diesem Sinne war ja z. B.
auch *witan* im Got. belegt. Beów. 1408 *(þâra þe mid Hrôŏgâre* |
hâm eahtode) ist das Verb in der Bedeutung „herrschen“ aufzufassen. Die Entwickelung von einem „in Betracht ziehen“ zum
„Sorge tragen“ und von hier aus zum „herrschen“ ist uns z. B.
bei **haldan* und seinen Compositis schon begegnet. Ebenso hat
der Begriff, den *ahton* Hel. 5155/6 vertritt, auch vorher, z. B. bei
scouwôn im Ahd., schon sein Analogon gehabt; vgl. Hel. 5155/6: *ac
hietun ina forth after thiu* | *umbi sulica sundia* | *selbon ahton.* Aus dem
„etwas in Betracht ziehen“ folgt „etwas verantworten.“
    Bei Otfr. ist nun für *ahtôn* eine weitere Entwickelung zu ver-
folgen. Das „ein Objekt in Betracht ziehen“ führt dazu, ihm
gegenüber einen bestimmten Standpunkt einzunehmen, es zu „be-
urteilen“; so z. B. Otfr. III, 20, 64: *ahtôtun iz reinôr* | *joh harto filu
kleinôr.* Oder wir gelangen durch die geistige Betrachtung zur
Erkenntnis, z. B. Otfr. II, 1, 48: *was giahtôt io zi guate* | *in themo
êwînigen muate.* Dieses „erkennen“ ist aber Otfr. III, 24, 71/72 geradezu
auf eine konkrete Gesichtswahrnehmung zurückzuführen: *Thô
ahtôtun thie liuti,* | *wio er nan minnôtî,* | *thô sie in alagâhûn* | *thie
zahari gisâhun.* Und schliesslich kann dann *ahtôn* neben der Erkenntnis des Geistes die Thätigkeit der Augen bezeichnen; vgl. Otfr.
III, 24, 75: *sie ahtôtun thaz sînaz sêr.* Hier bringt die konkrete
Wahrnehmung des schmerzbewegten Christus den Juden die Erkenntnis, dass Lazarus ihm lieb war.

altisl. gœta.

Dieses nur im Altisl. belegte Verb bedeutet in der Edda in den meisten Fällen „bewachen“; es handelt sich hier nicht mehr um ein Richten des Geistes auf ein Objekt, sondern um ein Richten der Augen. In den beiden Stellen, wo es in diesem konkreten Sinne gebraucht ist, bezieht es sich auf das Hüten des Viehes; vgl. Rþ. 12, 18: geita gœttu, und HH. II, 39, 6: hesta gœta. Ohne Beziehung auf ein Objekt, worauf die beobachtende Thätigkeit der Augen sich richtet, ist gœta HHv. 5 Prosa 10 belegt: Fogl mikell sat á húseno ok gœtte. Atlm. 9, 7/8 ist es die Zunge, die bewacht werden soll: gœta varþ hón tungo | í góma báþa. — Wer sich hütet, ist „vorsichtig“, und das Adjekt. gœtinn, das Hǫv. 6, 8 sich findet, hat dann auch ganz diese Bedeutung angenommen. Ich erinnere hier an den analogen Fall bei geyma und geyminn. Vigf. führt ferner verschiedene Stellen an, wo aus dem „sorgsam schauen“ der Begriff „sorgsam sein“ sich entwickelt, so dass dort gœta (wie auch *gaumjan, *haldan etc.) die Bedeutung „für etwas Sorge tragen“ annimmt. In diesem Sinne ist auch das Med. gœtask Atlm. 64, 1/4 belegt: Gœttesk þess Hǫgne | — gǫrva svá fœre — | at árna ánauþgom | at undan genge. Atlm. 21, 3/4 ist die Verwendung von gœtask analog der von gŷman im Beów., d. h. „Sorge empfinden für etwas Zukünftiges“: gœttesk þess Glaumvǫr, | at være grand svefna. In dem Gebrauche von gœtask in dem Sinne von „sich besprechen“ (z. B. Vǫl. 9, 4: ok um þat gœttosk), schliesst sich das Verb an die bei *ahtôn mehrfach belegte Bedeutung an.

Hel. 2163/4 ist einmal das Kompositum gi-ahton gebraucht. Es steht an dieser Stelle parallel zu gi-tellian — es handelt sich hier nicht um ein „besprechen“, sondern um „etwas ermessen“ (in Gedanken oder Worten): sô that ni mag gitellian man, | giahton obar thesaro erthu.

Germ. *fêrôn, *fêrên (alts. fâron, ahd. fârên).

Im Got. ist zur idg. Wurzel pĕr- nur das Nomen actoris fêrja = ἐγκάθετος belegt, d. h. Einer, der eine Nachstellung betreibt. Hieran schliessen sich, ziemlich in derselben Bedeutung, die Nomina actionis im Alts. fâr und im Ahd. fâra, fârî an, teils „Nachstellung“, teils „Versuchung“ bezeichnend. Diesen Doppelsinn hat auch bei

Otfr. das Nom. actoris *fárâri*. Nur IV, 16, 18/14, wo nicht „nachgestellt" oder „versucht", sondern nur etwas „ausgekundschaftet" werden soll, heisst es „Späher": *joh thie êwarton rehto | liuun filu knehto, | thie fârira ouh ginuage | zi themo selbon wîge.* — In der Edda bedeutet *fár* entweder die Ursache der Nachstellung, d. h. den „Hass", oder die „Nachstellung" wird als ein „Unglück" aufgefasst, und diese Vorstellung tritt dann in der Bedeutung in den Vordergrund. — Im Ags. bezeichnet *fær* nicht mehr die „Nachstellung", sondern die auf die Nachstellung folgende Handlung, den „Überfall". Verschiedentlich ist sogar *fær* die Bezeichnung für den durch den Überfall verursachten „Schrecken".

An die zuerst betrachtete Bedeutung der idg. Wurzel *pĕr*- = „Nachstellung" schliesst sich auch der für das German. anzusetzende Grundbegriff von **fârên* an. (Auch primäre Verben der Gesichtsempfindung, wie z. B. *varþa* im Altisl. und *after-waɪon* im Alts., konnten in dem Sinne von „nachstellen" gebraucht werden.) — Für eine konkrete Verwendung finden wir bei Otfr. einige Belege; z. B. III, 23, 31: „*meistar*", *quádun*, „*hugi thes*: | *sie fârênt thînes ferehes*". In übertragenem Sinne, in der Bedeutung „auf etwas lauern", ist Hel. 1229/30 hierher zu rechnen: *that sia ûses drohtines | dâdeo endi uuordo | fáran uuoldun*.

Von diesem Grundbegriffe ausgehend, können wir zwei Entwickelungen des Verbs beobachten. Es tritt entweder immer mehr die Thätigkeit des Geistes, das „richten" desselben auf ein Ziel, in den Vordergrund des Bewusstseins, das „nachstellen" wird zum „beabsichtigen, bestrebt sein", z. B. Otfr. IV, 17, 8: *ih weiz, er thes ouh fârta, | thes houbites rámta,* — oder es gewinnt bei „nachstellen" der Gedanke an die dabei nötige Thätigkeit der Augen die Oberhand, und **fârên* erbält ganz den Wert der Bezeichnung einer Gesichtsempfindung. Allerdings besagt es dann immer noch ein „aufmerksam beobachten", aber nicht mehr mit dem Zusatze „in böser Absicht"; vgl. Otfr. III, 4, 10: *thes wârun fârênti, | thaz sih thaz wazar ruartî.*

ahd. gi-*fârên*.

Die Bedeutung „nachstellen" hat das Verb Otfr. V, 3, 4: *thaz fiant io zi wâre | mîn wergin ni gifâre.* Ausserdem findet gi-*fârên* noch Otfr. IV, 35, 23 Verwendung, dort jedoch in der für das Simplex

zuletzt belegten Bedeutung „beobachten": *thaz thiu thes gifârtin,* :
oba sie nan thana fuartin.

Germ. *finþan* (got. *finþan,* altisl. *finna,* ags. *findan,*
alts. *fîthan, findan,* ahd. *findan*).

Das Got. scheint ausser *finþan* keine weiteren Ableitungen
der idg. Wurzel *pent-* zu besitzen, die Edda weist noch ein
Subst. *fundr* „Begegnung, Zusammentreffen" auf. Im Ags. finden
sich noch zwei verbale Ableitungen dieser Wurzel, die auch im
Alts. und Ahd. vertreten sind — wenigstens möchte ich das
bei Otfr. I, 11, 49 belegte *fandôn* durchaus mit dem lautlich damit
zusammenstimmenden ags. *ga-fandian* = „erforschen, versuchen,
aufsuchen, erfahren" und mit dem alts. *fandon* = „in Versuchung
führen, aufsuchen" auch etymologisch identifizieren: *sálig thiu nan
wâtta | int inan fandôta.* Denn alle die eben genannten Bedeutungen
dieser Ableitung sind solche, wie sie sich in steter Wiederkehr bei
den Verben der Gesichtsempfindung entwickelt haben. Für *fandôn*
möchte ich daher hier eine solche Bedeutung ansetzen, wie sie in
diese ganze Reihe hinein passt und wie sie mir auch zum Zusammenhang der Stelle gut zu stimmen scheint. Denn ich glaube eher,
dass der Dichter sagte „selig, die ihn kleidete und die ihn pflegte",
als „die ihn kleidete und ihn umwickelte". Ich befinde mich mit
dieser Auffassung der Otfridschen Stelle allerdings im Widerspruch
mit Piper und Kelle, die, wahrscheinlich im Gedanken an *fano*
= „Tuch," *fandôn* durch „umwickeln" wiedergeben, weitere Beispiele für diese Bedeutung jedoch nicht anführen können.

Die zweite verbale Ableitung der Wurzel *pent-* ist *fundôn,
fundjan,* die in allen drei eben erwähnten Sprachen ein „streben,
beabsichtigen" bezeichnet.

Der Grundbegriff von **finþan* im Germ. ist „zufällig oder absichtlich auf ein Objekt stossen" und zwar, nachdem diesem eine
zufällige oder absichtliche Bewegung des Subjekts nach dem Objekte hin vorausgegangen ist. In diesem Sinne ist — ausser im
Got. — **finþan* in allen german. Sprachen vielfach belegt. — Den
Übergang zu der Bezeichnung einer Gesichtsempfindung bildet der
Gebrauch des Verbums dort, wo das „Erreichen" des Objektes
nicht so bedeutsam erscheint, wie der „Zustand", in dem es sich

dabei darbietet; vgl. z. B. Fm. 44, Prosa **2**: *fann þat (bœli Fáfnis) opet*, oder Beów. 2271/2: *hord-wynne fond | eald uht-sceaða | opene standan*, oder Hel. 2160: *fand that barn gisund*, oder Otfr. III, 2, **23**: *quad, funti ganzan sînan sun.* — Verschiedentlich gibt der Helianddichter lat. *videre* durch *fîthan, findan* wieder, z. B. V. 1173: *thuo fundon sia thâr ênna fruodon man*, oder V. 5700: *fundun ina gifaranan thuo iu.* In der gleichen Weise verfährt auch Otfr., so z. B. V, 4, **20**: *in mihilan unwân | thaz ketti fundun indân*, oder V, 5, **11**: *then sabon sie thâr funtun.* Der Beów. bietet schliesslich die Beschreibung einer ganzen Scenerie; vgl. V. 1415/6: *oð þät hê fœringa | fyrgen-beámas | ofer hârne stân | hleonian funde.* Beówulf verfolgt hier die Mutter Grendels und gelangt mit seinen Mannen zu ihrer Wohnstätte im Sumpfmeere. Eine solche Scenerie, wie sie sich ihm hier darbietet, kann wohl kaum mehr „gefunden", sondern eben nur „gesehen" werden. — Ähnlich wie **sëhan* kann in der Edda auch *finna* in seiner Bedeutung bei der dem „finden" vorhergegangenen Thätigkeit, dem „suchen" stehen bleiben; z. B. Grp. 2, **7/8**: *vilk fljótlega | finna Gripe.*

Ebenso wie dem „erreichen eines körperlichen Objektes" eine Bewegung des Körpers vorausgegangen sein muss, so bedingt auch ein „durch Überlegung finden, auf etwas kommen" eine vorherige Bewegung des Geistes; vgl. z. B. Hel. 3806/7: *ni mah thi lastar mann | findan undar theson folke*, oder Otfr. V, 20, **103**: *ni fand in iu wiht gnates.* — Die Folge geistigen Findens ist die „Erkenntnis". Für die Bedeutung „erkennen" kommt zum ersten Mal auch das Got. in Betracht. *Finþan* dient immer zur Übersetzung von γιγνώσκειν. Z. B. Joh. XII, 9: *fanþ þan manageins filu Judaiê, þatei Jêsus jainar ist*, oder im absoluten Gebrauche Röm. X, 19: *ibai Israêl ni fanþ*, oder Luc. IX, 11: *iþ þôs manageins finþandeins laistidêdun afar imma* etc. Auch in den meisten andern Sprachen kann **finþan* zur Bezeichnung des Erkennens dienen, z. B. Gþr. II, 30, **1/3**: *þann hefk allra | attgofgastan | fylke fundet*, oder Beów. 206/7: *þâra þe hê cênoste | findan mihte*, oder Otfr. IV, 17, **26**, wo der Kuss des Judas das Erkennungszeichen bildet: *sô sliuma sie inan funtun.* Die „Erkenntnis" kann aber auch durch das Gehör vermittelt werden; so z. B. Marc. V, 43: *jah anabauþ im filu, ei manna ni funþi þata*, oder Sgkv. 40, **5/6**: *alt mon þat Atle | epter finna, | er hann mína spyrr | morþfor gerva*, oder Otfr. V, 11, **37**: *thaz fon in wurti funtan, | thaz er was selbo irstantan.*

Otfr. I, 18, ₂₃, wo der Dichter über die Schwere der Fremde klagt, scheint *findan* im übertragenen Sinne zur Bezeichnung der Thätigkeit des Gefühls verwendet: *ih habên iz funtan in mir,* | *ni fand ih liebes wiht in thir.* Als Kausat. von „sehen“, als „zeigen“, wird meiner Ansicht nach (ich folge hier wie immer dem Buggeschen Texte) *finna* Br. 17, ₅/₆ gebraucht: *es hann fremstan sik* | *finna vilde.* Der Hildebrandsche und mit ihm der Jónssonsche Text bieten hier freilich: *es hann fremstan þik* | *finna vilde,* und Gering glossiert hier *finna* durch „anerkennen“. Wenn wir den Inhalt erwägen, so ist hier die Hildebrandsche Lesung vorzuziehen; denn Brynhildr will hier augenscheinlich sagen, dass dem Sigurþr es übel gelohnt wurde, den Gunnarr als den hervorragendsten anerkannt zu haben.

ags. *on-findan,* alts. *and-fîthan, and-findan.*

Dieses Kompositum ist im Beów. und Hel. belegt. Es hat dort die Bedeutung einer unwillkürlichen Gesichtsempfindung. Ich führe einige Belege an, z. B. Beów. 1891/2: *land-weard onfand* | *eft-sið eorla,* oder Beów. 1294: *þá heó onfunden wäs,* oder Hel. 1127: *gieng im thuo bi Jordana staðe:* | *thár ina Johannes antfond,* oder Hel. 2017, wo Maria an der Hochzeit zu Kana bemerkt, dass der Wein fehlt: *that it sán antfunde* | *firio scôniôsto.* Hier tritt zur sinnlichen Wahrnehmung noch das Verständnis der Situation. Beów. 2289/90 *(stonc þá äfter stáne,* | *stearc-heord onfand* | *feondes fôt-lâst)* ist besonders bemerkenswert, da der Drache die Fussspur durch den „Geruchssinn“ wahrnimmt. Im Beów. 751/4 vermittelt der „Gefühlssinn“ die Erkenntnis: *sôna þät onfunde* | *fyrena hyrde,* | *þät hê ne mêtte* | *middan-geardes* | *eorðan sceáta* | *on elran men* | *mund-gripe máran* (vgl. ahd. *ant-findan*).

ahd. *bi-findan.*

Nur bei Otfr. — und zwar nur in übertragenem Sinne — mehrfach belegt. In dem Sinne einer Erkenntnis, die aus einer geistigen Wahrnehmung resultiert, steht das Verb Otfr. I, 20, ₁: *sô Hêrôd ther kuning thô bifand,* | *thaz er fon in bidrogan ward,* und Otfr. I, 8, ₅: *ouh, sô iz zi thisu wurti,* | *iz diufal ni bifunti.* Und auch hier haben wir die schon beim Simplex beobachtete Erscheinung, dass statt des „Gesichts“ das „Gehör“ Vermittler der

Erkenntnis ist; vgl. z. B. Otfr. III, 20, 170: *joh er bifand iz allaz,* | *thaz sie firwurfun nan bî thaz.* (Joh. IX, 35: *audivit Jesus, quia ejecerunt eum.*)

ahd. *ir-findan*.

Auch für dieses Kompositum lassen sich die meisten Belege unter der Bedeutung „etwas erkennen" unterbringen. Allerdings ist die Voraussetzung, dass dieser Erkenntnis, dem „ausfindig machen", ein geistiges Forschen vorangegangen ist. Hierher gehört z. B. Otfr. II, 4, 17: *wioz io mohtî werdan,* | *thaz wolt er gerno irfindan,* oder Otfr. IV, 23, 20: *ni mag ih in imo irfindan,* | *oba er firdân si sô fram* etc. Wiederum ist Otfr. II, 4, 50 die „Erkenntnis" durch das „Gehör" vermittelt: *thiu wort, thiu er irfinde* | *fon themo gotes munde.*

alts. *undar-fîthan*, *undar-findan*.

Zweimal findet dieses Kompositum im Hel. Verwendung. Die Bedeutung ist dieselbe wie bei *ir-findan*, d. h. also ein „ausfindig machen", das ein geistiges Forschen voraussetzt; vgl. Hel. 5277/8: *uuolda is muodsebon* | *forth undarfindan,* und Hel. 638/9: *hiet that sia iro ârundi* | *all underfundin* | *umbi thes kindes cuni.* Zu letzterer Stelle heisst es Matth. II, 8 nur: *Ite et interrogate diligenter de puero.*

Germ. *gapên* (altisl. *gapa*).

Das Subst. *gap*, das in der Vǫl. in *ginnunga-gap* sich findet, bezeichnet dort nach Gering „gähnender Schlund". Das Denominativum *gapên* bedeutet also „sich aufthun, klaffen, gähnen", und von einem Menschen heisst es mit Beziehung auf seinen Mund „den Mund aufsperren". Hieraus entwickelt sich die Bedeutung „mit aufgesperrtem Munde schauen", und in diesem Sinne ist *gapa* Skírn. 28, 7 belegt: *gape þú grindom frá.* In diesem Gedichte sind uns in Strophe 27 und 28 bei der Verwünschung der Riesin Gerþr verschiedene, sonst selten oder gar nicht vertretene Verben zur Bezeichnung einer Gesichtsempfindung überliefert. Hierher gehören auch *horfa, snugga, hara* und *stara.*

Das Verb *gapên* deckt sich lautlich und begrifflich mit unserem „gaffen", und in der gleichen Bedeutung war auch im Ahd. *kapfên* und im Altisl. *kópa* belegt. Ich habe *gapa* im zweiten Teile meiner Arbeit behandelt, weil mir der Ausgangspunkt der Entwickelung „sich aufthun, klaffen, gähnen" durch das Subst. *gap* gesichert schien, während *kapfên* und *kópa* keine verwandten Wörter aufwiesen, an die ich zur Feststellung der Grundbedeutung hätte anknüpfen können.

Germ. *gëtan* (altisl. *gëta*).

Im Altisl. ist das Simplex allein vertreten. Die Grundbedeutung dieser Ableitung aus der idg. Wurzel *ghed-* scheint ein sinnliches „erlangen, erfassen". Von hier aus hat das Verb dann verschiedene Bedeutungsentwickelungen durchgemacht. Wir haben auch hier die schon bei **haldan* einmal beobachtete Abschwächung zur Bedeutung des Hilfsverbs „haben", andererseits Bedeutungen wie „erzeugen, besprechen, vermuten" etc. Eine Gesichtsempfindung bezeichnet das Verb jedoch nirgends. Das Kompos. **bi-gëtan* ist bei Wulfila, im Beów. und Hel. verwendet. Bei Ersterem ist es sehr häufig. Es hat dort ganz die Bedeutung, die in den übrigen german. Sprachen zum grossen Teile durch **finþan* wiedergegeben wird, und von der wir bei der Besprechung von **finþan* ausgiengen, d. h. also „zufällig oder absichtlich auf ein Objekt stossen". Im Ags. und Alts. bezeichnet *bi-gitan*, bezw. *bi-gëtan* sowohl konkret als abstrakt ein „erfassen", doch findet es sich nie für ein „mit den Augen erfassen". Ags. *for-gitan* und alts. *far-gëtan* besagen „etwas mit den Gedanken oder auch mit den Augen nicht erfassen", d. h. also „etwas vergessen oder unbeachtet lassen". In demselben Sinne war ja auch im Ags. *for-gŷman* belegt. Vgl. z. B. Beów. 1751/2: *ond hê þâ forð-gesceaft* *forgyteð ond forgŷmeð*, oder Hel. 3603: *forgâton godes rîkies.* Bei Otfr. vertritt *ir-gëzzan* dieselben Bedeutungen; z. B. IV, 33, 17: *ziu irgâzi thû mîn.* Als Ausdruck einer Gesichtsthätigkeit findet sich nur

ags. *on-gitan.*

Mehrfach findet sich *on-gitan* an Stellen, wo es fraglich erscheint, ob der Dichter das körperliche Erreichen oder ein Erreichen durch den Blick bezeichnen wollte. So z. B. Beów. 1912: *þät hîe Gedta clifu* |

ongitan meahton, wo von der Heimkehr des Beów. und seiner Mannen erzählt wird, oder Beów. 1496/7: *þâ wäs huîl däges, | ær hê þone grundwong | ongytan mehte* etc., wo Beów. hinabtaucht zur Wohnung der Mutter Grendels. Für V. 1519/23 möchte ich zu „erfassen" die feindliche Absicht hinzugekommen denken, sodass also *on-gitan* hier ein „angreifen" vertritt: *ongeat þâ se gôda ·| grund-wyrgenne, | mere-wîf mihtig; | mägen-ræs forgeaf | hilde-bille, | hond swenge ne oftedh, | þät hire on hafelan | hring-mæl ágôl | grædig gûð-leóð.* — V. 2748/9, wo der sterbende Beów. nach dem Goldschatze verlangt, scheint mir *on-gitan* allerdings dann unzweifelhaft ein Erfassen mit den Augen zu bezeichnen: *bió nû on ôfoste, | þät ic ær-welan, | gold-æht ongite.* — Aus der sinnlichen Wahrnehmung entwickelt sich V. 1513/4 die Erkenntnis der Situation: *þâ se eorl ongeat, | þät hê in nið-sele | nát-hwylcum wäs.* — Ferner tritt statt der Augen der „Gefühlssinn" in Thätigkeit. Ein „erfassen durch das Gefühl" wird zu „empfinden", und durch die Nebenvorstellung, dass das Empfinden Schmerz bereitet, zu „erleiden"; vgl. Beów. 14/16: *fyren-þearfe ongeat, | þät hie ær drugon | aldor-leáse | lange hwile.* Weiterhin kann auch ein Klang „erfasst" werden; so z. B. Beów. 2944/5: *syððan hie Hygeláces | horn ond býman | gealdor ongeáton.* In V. 1292 nimmt nicht der Mensch Besitz vom Objekt, sondern das Objekt erfasst ihn: *þê hine se brôga angeat.*

Germ. *hittjan?* (altisl. *hitta*).

Hitta bedeutet in der Edda meist wie *finþan* „zufällig oder mit Absicht ein Objekt antreffen"; vgl. z. B. þrymskv. 3, 7/8: *ef ek minn hamar | méttak hitta?* etc. In þrymskv. 12, 1/2 bezeichnet das „gehen, um Freya zu finden" eigentlich nichts anderes, als „Freya aufsuchen" (vgl. Entsprechendes unter *sjá* und *finna*): *Ganga þeir fagra | Freyo at hitta.* — Dann aber kann auch hier der Anblick, den das Objekt beim Erreichen desselben bietet, als wichtiger empfunden werden, als das Antreffen selbst. Hieraus ergibt sich auch für *hitta* die Bedeutung einer Gesichtsempfindung. Unzweifelhaft scheint mir in HHv. 37, 5/6 z. B. *hitta* so viel wie „sehen" zu bedeuten: *þik kvaþsk hilmer | hitta vilja, | áþr ítborenn |*

ǫndo tynde. Der sterbende Helge lässt seine Braut Sváva rufen, nicht um sie zu „finden“, was ihm körperlich nicht mehr möglich wäre, sondern um sie zu „sehen“. Hieran möchte ich noch als weiteren Beleg für diese Auffassung Gróttas. Prosa 18/19 anschliessen: þótt hann hitte fyrer sér fopurbana.

Germ. *hugjan (got. hugjan, altisl. hyggja, ags. hycgan, alts. huggian, ahd. huggen).

Got. hugs, das auch in den übrigen germ. Sprachen in der gleichen Bedeutung vertreten ist, bezeichnet die Summe der geistigen Fähigkeiten: ὁ νοῦς. Daneben weist das Got. noch in demselben Sinne gahugds auf. Im Hel. bedeutet gihugd sowohl „Verstand“, als auch „Gedächtnis“. Und letztern Begriff vertritt gihugd bei Otfr. Ferner besagen alle mit *hugi- *hugu- zusammengesetzten Wörter irgend eine geistige Eigenschaft. — Auch für *hugjan haben wir als gemeingerm. Grundbegriff eine Thätigkeit des Geistes vorauszusetzen. Allenthalben wiegt die Bedeutung „denken, gesinnt sein“ vor. Nur im Altisl. kommt das einfache *hugjan in dem Sinne einer konkreten Gesichtsempfindung in Betracht.

Eine Art Mittelstellung zwischen „denken“ und „sehen“ nimmt das „im Traume sehen“ ein. Hierfür wird hyggja in Guþr. II und Atlm. verschiedentlich gebraucht. Vielleicht hat der Dichter dieses Verb hier deshalb gewählt, weil die Erscheinungen des Traumes doch nur eine Thätigkeit des Geistes vorstellen.

Das Richten des Geistes auf etwas kann dann schliesslich auch die Veranlassung werden, die Augen darauf zu richten. Die Bedeutung „den Sinn auf etwas richten“ scheint mir bei huggian im Hel. V. 3619/20 vorherrschend zu sein: ef gi thar tuo uuelleant | luggean endi hôrean, während von derselben Voraussetzung ausgehend hyggja Rþ. 28, 5/6 schon den Wert einer konkreten willkürlichen Gesichtsempfindung bekommen hat: en húskona | hugþe at ǫrmom. In derselben sinnlichen Bedeutung findet sich hyggja auch HHv. I, 48, 5/8 belegt: úte stóþ Hǫþbroddr | hjalme faldenn, | hugþe hann jóreiþ | œttar sinnar.

ahd. bi-huggen.

Auch dieses Kompositum ist nur einmal vertreten, und zwar Otfr. II, 8, 11/12: thô zigiang thes lîdes, | joh brast in thár thes wines; | María tház bihugita, | joh kriste si iz gisagêta. Zu der konkreten Gesichtsempfindung tritt auch noch die Erkenntnis einer peinlichen Situation hinzu.

Die übrigen Komposita werden in keinem unserer Denkmäler zur Bezeichnung einer konkreten Gesichtswahrnehmung gebraucht. Af-hugjan steht bei Wulfila in der Bedeutung „den Sinn von etwas abwenden". Im Ags., wie im Alts. vertritt for-hycgan, bezw. far-huggian den Begriff „Jem. verachten", und das Kompositum *ga-hugjan bedeutet im Hel. wie bei Otfr. in den meisten Fällen „an etwas denken". Nur Hel. 1704/6 wird gi-huggian parallel zu gi-sëhan verwendet. Der Bibeltext bietet auch videre, aber von einem eigentlichen „sehen" kann hier doch nicht die Rede sein, da man den Balken im eigenen Auge nicht gut „sehen" kann. Vgl. Hel. 1704/6: that thu under is bráuuon gisehes | halm an is ôgon, | endi gihuggean ni uuili | thena suâron balcon | the thu an thînero siuni habis. Auch Otfr. III, 1, 55/6 möchte ich gi-huggen nicht durch „denken", sondern durch „auf etwas Acht geben" übersetzen. Der Dichter spricht von einer Mutter, die ihr Kind vor Schaden behütet, während es läuft: thia hant duat si furi sár, | ob iaman rámêt es thár; | gihugit sár thes sinthes | thes ira liaben kindes. — Ir-huggen vertritt bei Otfr. stets die Bedeutung „sich erinnern", ufar-hugjan steht im Got. in dem Sinne von „übermütig sein", ofer-hycgan hingegen besagt im Beów. „verschmähen, etwas zu thun". Im Hel. findet sich dann das Kompositum undar-huggian zweimal zur Darlegung einer geistigen Wahrnehmung = „verstehn"; vgl. z. B. Hel. 2370/2: endi hie im filu sagda | be bilithon that barn godes, | thes sia ni mohtun an iro briostun forstandan, | underhuggian an iro herten.

Germ. *hwurbên (altisl. horfa.)

Als primäre Bedeutung dieser Ableitung der idg. Wurzel qerp- scheinen wir „sich wenden, gerichtet sein" auffassen zu

müssen. Hierfür finden sich denn auch in der Edda einige Belege,
z. B. Vǫl. 38, ₄: *norþr horfa dyrr*, und Rþ. 26, ₄: *supr horfþo dyrr*.
Mit Beziehung auf den Menschen kann ein „sich wenden" nach
einer Richtung auch ein „mit den Augen sich wenden" einschliessen.
Vigf. bringt hierfür aus der übrigen isländ. Litteratur verschiedene Belege; in der Edda kommt das Verb in diesem Sinne
nur Skírn. 27, ₁/₄ in Betracht: *ara þúfo á | skaltu ár sitja | horfa
heimi ór | snugga heljar til.*

—————————

Germ. *kunnan* (got. *kunnan*, altisl. *kunna*, ags. *cunnan*,
alts. ahd. *kunnan*).

Ehe ich an die Besprechung der verschiedenen anderen
verbalen Ableitungen der idg. Wurzel *gen-* gehe, will ich kurz
Überschau halten über den Gebrauch des Präterito-Präsens *kunnan*
und seiner Komposita in den altgermanischen Dialekten. Bei
Wulfila bezeichnet *kunnan* vor allem das „wissen", τὸ εἰδέναι.
Daneben vertritt es dann den Begriff „etwas erkennen", also
γιγνώσκειν oder ἐπίστασθαι. Zum Ausdrucke einer konkreten Gesichtswahrnehmung wird es niemals. Ebenso wenig dient es aber
auch zur Bezeichnung des physischen Könnens, während in den
übrigen germanischen Sprachen das Verb in diesem Sinne neben
dem von „kennen, erkennen" vertreten ist. Im Altisl. bedeutet *kunna*
sowohl „kennen" wie „können". Hǫv. 127,₅/₆ scheint das Verb in der
Bedeutung „die Sinne auf etwas richten, etwas bemerken" Verwen-
dung gefunden zu haben: *hvars þú bǫl kant | kveþ þu þér bǫlve at.* In
den übrigen german. Sprachen vertritt *kunnan* nur die Bedeutungen
„geistig oder körperlich etwas vermögen". Das Kompositum *bi-kunnan*
besagt im Hel. entweder „kennen" oder „verstehen". Das Präfix
fra- gibt im Got. dem Verb den Begriff „verachten", oder aber
als Ausdruck der Verachtung „verspotten". Dieselbe Bedeutung
„verachten" hat bei Otfr. *in-kunnan*. *Ga-kunnan* ist im Got. in dem
Sinne von „sich unterthan wissen" belegt, vielleicht ausgehend von
einem „über Jem. etwas vermögen". Das got. Adjektiv *kunþs*

(bekannt) findet sich in derselben Bedeutung auch in den übrigen german. Sprachen. Das Subst. *kunþi* besagt bei Wulf. sowohl „Kunde" als „Erkenntnis".

———

Germ. *kannjan* (got. *kannjan*, altisl. *kenna*, ags. *cennan*). Entsprechend der Bedeutung von *kunnan* vertritt das Kausativum zu diesem starken Verb bei Wulf. nur die Bedeutung „etwas bekannt machen", nicht „jemand in den Stand setzen, etwas zu thun". In der Edda zeigt das Verb reiche Bedeutungsentwickelungen, aber auf jeden Fall haben wir auch hier von dem „bekannt machen" als Grundbegriff auszugehen. Z. B. Hrbl. 7, ₂: *ek mun þér stǫðna kenna* etc. Durch den Gefühlssinn kann auch etwas kennen gelernt werden. In dem Sinne von „fühlen" wird das Verb z. B. Atlm. 63, ₄ gebraucht: *þr odds kendi.* Das Medium *kennask* ist Atlm. 56, ₁₀ in der Bedeutung „empfinden" vertreten: *slíks ek mest kennomk*, und in demselben Gedicht besagt *kenna* (Atlm. 54, ₃/₄) mit dem Dativ der Person und dem Akkusativ der Sache „Jem. etwas zur Last legen": *illt er um litask, | yðr er þat kenna.* Zur Bezeichnung einer geistigen Wahrnehmung ist *kenna* ebenfalls in der Edda belegt. Für ein „wiedererkennen von etwas Bekanntem" möchte ich den Gebrauch des Verbs HHv. II, 18 Prosa ₅/₆ in Anspruch nehmen: *þeir sá i loptino at valkyrjor nio riþo, ok kendo þeir Sigrúno.* Die Bedeutung „Jemand genau konnen lernen" scheint dann das Verb HHv. II, 20, ₁/₄ zu haben: *hér má Hǫdbroddr | Helga kenna |flotta trauþan ! i flota miþjom.* Im Beów. besagt *cennan* in refl. Gebrauche „sich zeigen"; vgl. 1220: *cen þec mid cræfte.* Otfrid weist das Simplex *kennen* überhaupt nicht auf.

alts. and-kennian.

Nur das Alts. hat Belege für dieses Kompositum. Auch hier tritt die geistige Wahrnehmung stark in den Vordergrund, und von ihr haben wir bei der Betrachtung des Verbs auszugehen. Ein „wiedererkennen von etwas Bekanntem" scheint mir das Verb z. B. Hel. 5919/20 zu besagen: *thuo gisah siu thena | mahtigan thar standan | Criste, thuoh siu ina [cûthlico] ankennian ni mohti.*

Ebenso findet sich im Hel. auch die Bedeutung „etwas genauer
kennen lernen"; z. B. Hel. 4087/8: *than nist nu lang te thiu* |
huat thu hier antkennean scalt | *craft drohtines.* Ein „genau kennen
lernen" der guten Eigenschaften einer Persönlichkeit bedingt dann
auch das „anerkennen" derselben; so z. B. Hel. 2339/40: *thia ni
uueldun ankennian thoh* | *Judeo liudi* | *that hie god uuâri.* Ferner kann
auch hier das „Gehör" der Vermittler der „Erkenntnis" sein. Hierfür
bieten sich zwei Belege, und zwar Hel. 688/9: *selbon ankendun* | *uual-
dandes uuord,* und Hel. 5660/1: *that thâr uualdandes dôd* | *unquethandes
sô filo* | *antkennian scolda.* Schliesslich folgt aus dem „etwas genauer
kennen lernen" auch die Bedeutung „etwas kennen"; vgl. Hel. 4963:
meth is thuo for thero menigi, | *quat that hie thena mann ni
ankendi.*
Aber auch für eine konkrete Gesichtswahrnehmung kann *and-
kennian* gebraucht werden. Hel. 3823/5 erscheint es allerdings
noch zweifelhaft, ob hier das „wiedererkennen von etwas Be-
kanntem" in den Vordergrund tritt, oder ob nur die Thätigkeit
der Augen bezeichnet werden soll: *uuas an middion scîn* | *thes
kêsures bilithi,* | *that mohtun sia ankennian uuell* | *iro hêrren hôbidmâl.*
Dagegen scheint mir in V. 670/1, wo der Dichter erzählt, wie die
Weisen aus dem Morgenlande das Jesuskind aufsuchen, mehr davon
die Rede zu sein, dass sie Christus „sahen", als dass sie ihn „er-
kannten": *sân antkendun* | *thia uueros uualdand Crist.* Und un-
zweifelhaft bezeichnet Hel. 657/9 *and-kennian* eine konkrete Gesichtsempfindung. Hier handelt es sich um die Stern-Beobach-
tung der Magier: *antkendun sea thiu kumbal godes,* | *tha uuârun
thuru Crist herod* | *ginuaraht te thesaro uueroldi.* Schliesslich findet
dort, wo von den geheilten Blinden berichtet wird, das Verb in
Verbindung mit *mugan* Verwendung zur Bezeichnung des „sehen
können"; vgl. Hel. 3581/2: *that sia ertha endi himil* | *thuru craft godes* |
antkennian mohtun, | *lioht endi liudi.*

ahd. *ir-kennen.*

Das Got. weist ein Verb *us-kannjan* auf. Aber dort steht es
nur zweimal, entweder in der Bedeutung „Jem. etwas kund
thun", oder „Jem. etwas empfehlen". Bei Otfrid sind die meisten
Belege für dieses Verbum in dem Sinne einer geistigen Wahrnehmung aufzufassen. Das reiche Material zeigt bei ihm für *ir-*

kennen zum Teil dieselbe Bedeutungsentwickelung, wie der Hel.
für *and-kennian*. Auch hier haben wir das „wiedererkennen von
etwas Bekanntem", z. B. Otfr. V, 7, ₅₅: *bî namen er sa nanta,* | *joh
sinan sâr irkanta*, oder V, 8, ₄₂: *si irkanta nan, sô er wolta,* | *thô
er then namon nanta.* Ferner ist auch das „genau kennen lernen"
für *ir-kennen* belegt; vgl. Otfr. III, 16,₁₇: *yrkenn er thesa lêra,* oder IV,
13, ₉/₁₀: *thaz mannilîh irkenne* | *in themo minnônne* | *joh ellu worolt
ouh in thiu,* | *mih meistar habêtut zi thiu.* Das „genau kennen
lernen" bedingt dann einerseits das „kennen", und hierhin rechne
ich z. B. Otfr. III, 18, ₄₄/₅: *zi thiu ir inan nennet* | *joh wihtes thoh
nirkennet!* | *Ih irkennu inan io* (die Vulgata hat hier *noscere*, Tatian
übersetzt die ganze Stelle (131,₂₄): *ir ni furstuantut inan; ih uuár-
lihho uueiz inan*), andererseits auch das „wissen", z. B. Otfr. II, 8, ₄₁/₂:
thie man thoh, thie thár scanktun, | *iz filu wolu irkantun,* | *theiz
wazzar lûtaraz was,* | *thô sie fultun thiu vaz.* Und wie im Hel. das
„Gehör" die Erkenntnis vermittelt, so bei Otfr. III, 14,₈₆ das „Ge-
fühl": *ih irkanta, ih sayên thir,* | *thia kraft hiar faran fona mir*
(der lat. Text bietet wiederum *noscere*, und Tat. 60,₈ heisst es: *ih
uueiz megin fon mir ûzgangen*).

Ir-kennen zur Bezeichnung einer konkreten Gesichtsempfindung
ist nun verschiedentlich belegt. Wie im Hel. *and-kennian*, so wird
ir-kennen auch bei Otfr. dort verwendet, wo von der Stern-Beob-
achtung die Rede ist; vgl. Otfr. I, 17,₉/₁₀: *thô quámun óstana in thaz
lant,* | *thie irkantun sunnûn fart* | *sterrôno girusti.*

In einigen anderen Fällen scheint dann *ir-kennen* nur noch
die Bedeutung einer einfachen Gesichtsempfindung ohne den Nebenbegriff der Beobachtung zu haben, z. B. Otfr. I, 13,₂₃: *sie iz allaz thár
irkantun,* | *sô thie engila in gizaltun* (Luc. II, 20: *videre*, Tat. *gisëhan*),
oder IV, 3,₄: *suntar sie in thên fertin* | *ouh Lazarum irkantin,*
oder II, 7,₆₉: „*Wanta ih thir,*" *quad er,* „*zalta,* | *thaz ih thih êr
irkanta*" (Joh. I, 50: *videre*, Tat. *gisëhan*).

Germ. *kannôn (altisl. kanna.)

Für diese Ableitung der idg. Wurzel *gen-* scheinen wir von
der Bedeutung „kennen lernen, erkennen" ausgehen zu müssen,

z. B. Hǫv. 102, 1/3: mǫrg's gǫþ mœr, | ef gǫrva kannar | hugbrigþ viþ
hale. „Einen Weg kennen lernen“ umschreibt dann die Wanderung
auf demselben; vgl. HHv. II, 5, 7/8: hvert lyster yþr | leiþ at kanna.
Der Wunsch „etwas genauer kennen zu lernen“ liegt in der Bedeutung
„etwas rekognoszieren“. In diesem Sinne findet sich kanna z. B.
HHv. I, 31, 7/8: meþ hermþar hug | her kǫnnoþo.

***

Germ. *kunnôn, *kunnên (ags. cunnian).

Das Simplex ist nur im Beów. vertreten. Von den fünf Stellen,
die das Verb überhaupt aufweisen, entfallen drei auf eine Bedeutung, wie wir sie in leiþ kanna soeben kennen lernten, d. h. die
Erforschung eines Weges wird gleichbedeutend mit der Bewegung
auf demselben. Im Beów. ist diese Bewegung immer ein Schwimmen,
z. B. V. 1426/7: gesáwon þâ äfter wätere | wyrm-cynnes fela, | sellîce
sœ-dracan, sund cunnian. Ein „rekognoszieren“ im übertragenen
Sinne besagt das Verb dann V. 2045/6: onginneð geômor - môd ,
geongne cempan | þurh hreðra gehygd | higes cunnian. Dem Bedeutungs-
wandel vom „erforschen“ zum „aufsuchen“, wie ihn V. 1500/1 belegt, sind wir auch bei *sēkan, *warôn etc. schon begegnet: þät
þær gumena sum | äl-wihta eard | ufan cunnode.

got. ana-kunnan

ist im Got. zweimal in der Bedeutung „etwas lesen“ verwendet.
Beide Male wird damit ἀναγιγνώσκειν übersetzt.

got. at-kunnan.

Dieses Kompositum steht im Got. im gleichen Sinne wie
unser „zuerkennen“, es übersetzt (Kol. IV, 1) παρέχειν τι.

got. ga-kunnan, alts. gi-kunnon.

Nur im Got. und Alts. belegt. Bei Wulf. entfallen die meisten
Belege auf die Bedeutung „etwas (genauer) kennen lernen, etwas
erkennen“; vgl. z. B. Luc. I, 4: ei gakunnais þizê bi þôei galaisiþs is
waurdê astaþ (ἐπιγιγνώσκειν) und im Hel. ist das Verb auch einmal

in diesem Sinne gebraucht; vgl. 5031/2: *liet ina gicunnon huilica craft habit | thie mennisco muod | áno thiu maht godes.* Eine Erkenntnis, die aber zugleich eine Gesichtswahrnehmung einschliesst, scheint *ga-kunnan* Luc. XIX, 15 zu bedeuten: *ei gakunnaidêdi, hva harjizuh gawaurhtêdi* (γιγνώσκειν). Und schliesslich findet dann das Verb Matth. VI, 28 zur Bezeichnung einer willkürlichen Gesichtswahrnehmung Verwertung: *Jah bi wastjôs, hva saurgais? Gakunnaiþ blômans haiþjôs, hvaiwa wahsjand!* (καταμανϑάνειν). — Das sonst durch *ana-kunnan* wiedergegebene ἀναγιγνώσκειν (lesen) wird Marc. XII, 26 durch *ga-kunnan* übersetzt.

got. uf-kunnan.

Die Bedeutung dieses Kompositums scheint ebenfalls „etwas genauer kennen lernen" zu sein, und zwar finden wir es im Got. unter zwei verschiedenen Voraussetzungen angewandt. Entweder ist das, was „genau kennen gelernt" und „erkannt" wird, dem Forschenden überhaupt noch ganz „unbekannt" und somit neu; vgl. z. B. Joh. VI, 69: *ufkunþêdum, þatei þu is Christus,* oder Joh. XIV, 31: *ei ufkunnai sô manasêþs, þatei ik frijôda* etc. Zu dieser Auffassung stimmen die meisten Verwendungen des Verbs.

Oder aber das Erkennen ist ein Wiedererkennen: der oder das Erkannte ist uns schon bekannt; so z. B. Marc. VI, 54: *Jah usgaggandam im us skipa, sunsaiw ufkunnandans ina* etc. Das „kennen lernen" wird dann Joh. XVII, 25 zum „kennen": *sô manasêþs þuk ni ufkunþa; iþ ik þuk kunþa,* und Luc. VII, 39 gewinnt das Verb die Bedeutung „wissen": *sa iþ wêsi praufêtus, ufkunþêdi þan hvô jah hileika sô qinô.* Auch hier haben wir dann wieder den Übergang zu einer konkreten Gesichtswahrnehmung dort, wo das Verb sowohl ein „erkennen" wie ein „sehen" vertritt. Die eben erwähnte Stelle (Marc. VI, 54) z. B. ist dafür ein Beleg. In Matth. X, 26 — *ni waiht auk ist gahuliþ þatei ni andhuljaidau, jah fulgin þatei ni ufkunnaidau* — wird als Übersetzung von γνωσϑῆναι im Gegensatze zu *fulgins* das „gesehen werden" bezeichnet. Durch die konkrete Gesichtswahrnehmung wird das „bekannt werden" vermittelt.

Ferner kann man auch durch das „Gehör" etwas „erkennen"; vgl. Phil. II, 28: *jah ik hlasôza sijau, ufkunnands hva bi izwis ist.* Die Worte *ufkunnands — ist* finden sich weder im griech., noch im

lat. Texte; sie waren wohl im Got. ursprünglich nur zur Erklärung
des Vorhergehenden an den Rand geschrieben und wurden später
aus Versehen in den Text aufgenommen (Bernhardt).
Schliesslich kann *ufkunnan* auch eine Wahrnehmung des „Gefühls" kennzeichnen, also „fühlen" besagen; vgl. Marc. V, 29: *jah ufkunþa ana leika, þatei gahailnôda*, und Luc. VIII, 46: *taitôk mis
sums, ik auk ufkunþa maht usgaggandein af mis.*

Germ. *knêwan.*

Das Altisl., Ags. und auch das Alts. weisen ein starkes Verb
auf, das von einer Nebenform der idg. Wurzel *gen-* abgeleitet ist.
Das Simplex kommt zur Bezeichnung einer Gesichtsempfindung
überhaupt nicht in Betracht. In der Edda besagt im Allgemeinen
knøtto ein physisches Können und verschiedentlich wird das Verb
sogar nur als Hilfsverb gebraucht. Sdm. 19, ₅ ist die einzige Stelle,
wo das Verbum auch ein geistiges Vermögen (= wissen, verstehen)
bezeichnet. Im Ags. ist das Simplex nicht belegt. Ausser dem
gleich kurz zu betrachtenden *ge-cnâwan* weist Grein auch für
on-cnâwan die Bedeutung einer Gesichtsempfindung nach. Im Beów.
ist das Verb jedoch nur einmal (V. 2555/6: *hord-weard oncniów*
mannes reorde) zur Bezeichnung einer Wahrnehmung durch das
Gehör belegt. Auch der Hel. kennt das Simplex nicht. Bei ihm
findet sich nur einmal ein Kompositum *bi-knêgan* in dem Sinne von
„erlangen, erwerben". Im Beów. wird V. 2048 okkasionell *ge-
cnâwan* in der Bedeutung „etwas wiedererkennen" gebraucht: *meaht*
þû, mîn wine, | mêce gecnâwan. Otfr. hat überhaupt keine Ver-
tretungen des starken Verbs. Dagegen kennt er ein schwach-
formiges *knâen*, in den Zusammensetzungen *bi-knâen*, das in dem
Sinne von „in sich gehen, bereuen" gebraucht wird, und *ir-knâen,*
das für uns hier durch seine Bedeutungsentwickelung in Betracht
kommt.

ahd. *ir-knâen.*

Otfr. braucht das Verb ziemlich häufig. Im ersten Buche
allerdings nur einmal im zweiten Kapitel, im zweiten Buche zweimal,

und dann steigt der Gebrauch bis zum fünften Buche, wo das Verb
am meisten Verwendung findet. Wir haben ziemlich dieselbe Bedeutungsentwickelung wie bei *ir-kennen*. Auch hier haben wir von
der geistigen Wahrnehmung als Grundbedeutung auszugehen. Ein
„wiedererkennen" liegt z. B. in V. 9, 11/12: *thaz sie nan irknâtîn,* |
odo in alawârî | *sie westîn, wer er wâri*, und ein „kennen lernen"
z. B. in II, 14, 23: *„oba thu", quad er, „dâtîst,* | *thia gotes gift irknâtîs"*.
Dann vertritt auch *ir-knâen* das Resultat des „kennen lernen", das
„kennen", z. B. IV, 18, 31: *suar in io zi nôti,* | *thaz er nan sâr*
nirknâtî (es ist dies die Stelle, wo im Hel. *and-kennian* gebraucht
ist), oder III, 16, 63: *quad, inan irknâtîn untar in, „joh wizut wola,*
wanana ih bin" (Tat. 104, 8: *inti mih uuizzut ir*). Wiederum hat
auch *ir-knâen* in dem Sinne von „kennen gelernt haben" die Bedeu-
tung „wissen"; so z. B. V. 5, 17: *sie nirknâtun noh thô thaz,* | *theiz êr*
sus al giscriban was (Tat. 220, 5: *noh thanne ni uuestun sie giscrib*),
oder V, 9, 19: *ouh wiht thu thes nirknâist,* | *thaz niuenes gidân ist*
(Tat. 225, 1: *inti ni uorstuonti thiu dâr gitân uuârun*). Und wie
bei *and-kennian* z. B., so kann auch bei *ir-knâen* das „erkennen"
von etwas Gutem zum „anerkennen" führen. Diese Bedeutung
scheint mir für *ir-knâen* in III, 15, 20/22 zweimal belegt zu sein:
mit zeichonon gidâti, | *thaz inan ther liut irknâtî;* | *joh ouh thaz*
folk instuanti | *sînes selbes guatî,* | *thie jungoron ouh irknâtîn* | *bî*
thesên selbên dâtin.

Einen Übergang von der „Erkenntnis" zur sinnlichen Wahr-
nehmung zeigt *ir-knâen* V, 10, 33: *sie in thô reda dâtun,* | *wio sie*
nan ouh irknâtun. Hier wird von den Jüngern zu Emmaus berichtet, die Jesus gesehen und ihn schliesslich wiedererkannt hatten.
In der Bedeutung einer rein konkreten Gesichtsempfindung scheint
mir Otfr. das Verb an zwei Stellen zu verwenden, in IV, 34, 7/8: *thaz*
ouh sulih mâri | *unfarholan wâri,* | *joh allo theso dâti* | *ther selbo*
liut irknâtî, und in V, 4, 27/28: *ni thaz er thara giûltî,* | *thaz er then*
weg girûmtî, | *suntar man irknâtî* | *thio seltsâno dâti.*

Germ. *mundôn (got. mundôn, ags. mundian, alts. mundon,
        ahd. muntôn).

Bei *mundôn liegen die Verhältnisse ähnlich wie bei *haldan.
Haben wir den konkreten Begriff „etwas mit den Händen festhalten" als Ausgangspunkt zu nehmen, oder aber schon von einer
übertragenen Bedeutung auszugehen? Bei *haldan bestimmte mich
die Mehrzahl der Belege, die Gesichtsempfindung für das German.
als primär anzusetzen, bei *mundôn — trotzdem dieses in seiner
Bedeutungsentwickelung sehr an *haldan erinnert — muss ich aus
dem gleichen Grunde den entgegengesetzten Weg einschlagen. Ein
„mit den Händen festhalten" ist freilich in den german. Sprachen
für das Verb nicht mehr belegt; wir haben jedoch das Subst.
*mundi-, das sowohl „Hand" als „Schutz" bedeutet.

Im Ags. (allerdings nur Gû. 231) findet sich ein mundian,
im Alts. ein mund n, und im Ahd. sowohl muntôn, als gi-muntôn,
alle in der Bedeutung „Jem. schützen, dass ihm nichts Schlimmes
zustösst"; vgl. z. B. Hel. 2930/1: thie iuu uuid theson sêuue scal ;
mundon, uuid theson meriström, oder Otfr. III, 1, 84: suntar si imo
munto, | theiz iaman thoh ni wunto. Wie aus dem Bewachen die
Verteidigung sich entwickelte (vgl. z. B. haldan), so folgt aus dem
„ein Objekt schützen" das „bewachen" desselben. In diesem Sinne
ist das Verb im Got. Phil. III, 17 einmal belegt — es dient zur
Übersetzung von σκοπεῖν τινα : miþgaleikôndans meinai wairþaiþ,
jah mundôþ izwis þans swa gaggandans. Ausserdem findet sich im
Got. (Phil. III, 14) einmal ein schwaches Feminin mundrei = σκοπός.

Urgerm. *nëman (got. niman, altisl. nëma, ags. alts. niman,
        ahd. nëman).

Das Verb hat in allen german. Sprachen die gleiche konkrete
Bedeutung. Im Altisl. kann von der Vorstellung aus, dass irgend
ein Begriff in den Geist aufgenommen wurde, nëma auch so viel
wie „lernen" bedeuten, z. B. Hóv. 153, 1/3: þat kank iþ átta | es
ǫllom es | nylsamlekt at nema. Im Hel. findet sich einmal in muod
gineman. Von den Kompositis können im Got. sowohl and-niman
wie ga-niman in übertragener Bedeutung für mente accipere Ver-

wendung finden; so z. B. 1. Thess. II, 13: *andnêmuþ ni swaswê waurd mannê* (δέχεσϑαι), und Matth. IX, 13: *ganimiþ hva sijai: armahairtiþa wiljau jah ni hunsl* (μανϑάνειν).

ahd. *fir-nëman.*

Bei got. *fra-niman* tritt die Vorstellung in den Vordergrund, dass etwas weggenommen wird, um es in Besitz zu nehmen, während das ags. *for-niman* und das alts. *far-niman* nur den Vorgang der Wegnahme eines Objekts ausdrücken. Im Ahd. hat nun dieses Kompositum eine eigene Entwickelung erfahren. Das Erkennen irgend einer abstrakten oder konkreten Erscheinung wird als eine Wegnahme derselben durch den Geist und durch das Auge oder Gehör aufgefasst. Die meisten Belege entfallen auf eine geistige Wahrnehmung. In der Bedeutung „etwas genau kennen lernen“ ist das Verb hauptsächlich vertreten. Ich hebe hierfür von den vielen Stellen einige heraus, z. B. Otfr. II, 12, 14: *firnam er sus thia sîna maht;* | *thaz bizeinôt thiu naht,* oder V, 11, 49: *thaz iagilih firnâmi* | *thárana thaz gizámi* etc. Von einem bestimmten Standpunkte aus einen Vorgang etc. mit dem Geiste wahrnehmen, führt dann zu „eine Ansicht vertreten“, zu „glauben“; vgl. z. B. III, 8, 24: *firnâmun in giwâri,* theiz ein gidrôg wâri, oder IV, 5, 81: *giwisso sô firnemen wir,* | *thaz krist ni bûit in thir.* Zu dem „genau kennen lernen“ gesellt sich dann auch wohl der Gedanke, dass man die schlechten Seiten einer Sache, einer Person „durchschaut“ habe, z. B. III, 14, 107/8:: *joh sie dátun mári,* | *thaz er firnoman wâri,* | *joh er then diufal habêtî,* oder III, 16, 29: *thu habês then diufal in thir;* | *giwisso thaz firnemen wir.* In IV, 16, 53/4 „erkennen“ die Leute Christus am Judaskuss — hier ist eine konkrete Gesichtswahrnehmung Ursache dieser Erkenntnis: *thaz zeichan thô firnámun,* | *thie thara mit imo quâmun,* | *joh iagilih thô hogêta,* | *wio er in êr sagêta.* Und schliesslich scheint mir in II, 12, 44/45 das Verb nur noch die Bedeutung einer konkreten Gesichtswahrnehmung zu haben: — *sîu kunft ist iagilícho* | *ungisewanlîcho.* | *Ni firnimist thu ouh thanne,* | *wâr er faran wolle.* *Fir-nëman* mit der Verneinung steht parallel zu *ungisewanlîcho.*

Von den zahlreichen Belegen für die Wahrnehmung durch das Gehör führe ich bloss zwei Stellen kurz an, I, 21, 9: *firnam ouh gerno thiu wort,* und II, 14, 83: *firnim nû, wib, theih redino* etc.

Germ. *niuhsjan (altisl. nýsa, ags. neósan, alts. niusian).

Dieses Verb ist in der Edda, im Beów. und im Hel. vertreten. Während es in der Edda die Bedeutung einer konkreten Gesichtswahrnehmung hat, bedeutet es im Beów. sowohl „suchen". als „aufsuchen" und das „aufsuchen" in feindlicher Absicht, das „angreifen". Im Hel. ist sowohl niusian wie niuson einmal in dem Sinne von „Jem. versuchen" belegt. Ebenso nun wie ein Verb, das eine Thätigkeit des Gesichtssinnes bezeichnet, zu der Bedeutung „suchen, aufsuchen, angreifen, versuchen" gelangen kann — ich erinnere hier an *sëhran, *skawwôn etc. — so kann auch andererseits aus der „Bemühung etwas zu finden" gefolgt werden, dass die Augen zu diesem Zwecke „sorgfältig Umschau halten müssen". In diesem Sinne ist sowohl nýsa wie nýsask in der Edda einmal vertreten. In Hǫv. 139, ᵌ späht der am Baume hängende Oþinn nach Rettung aus: nýstak niþr, und Hǫv. 7, ₆: svá nýsesk fróþra hverr fyrr, soll jeder Weise in fremdem Hause vorsichtig Umschau halten, um jeden Feind sogleich zu erkennen.

got. bi-niuhsjan.

Dieses einmal bei Wulf. belegte Kompositum übersetzt dort (Gal. II, 4) das griech. κατασκοπεῖν: þaiei innufslupun biniuhsjan freihals unsarana. Dem Zusammenhang entsprechend bezeichnet es ein „forschend erspähen in böser Absicht", d. h. also „auflauern", und an diese Bedeutung schliesst sich auch das Subst. niuhseins als Wiedergabe von κατασκοπή an.

Germ. *niuhsnôn (altisl. njósna).

HHv. II Prosa ₁₆: Helge fór ok njósnaþe til hirþar Hundings konungs á laun, ist für diese Ableitung unsre einzige Belegstelle. Das Verb hat hier die Bedeutung „etwas durch Spähen in Erfahrung zu bringen suchen". Entsprechend steht das Subst. njósn in dem Sinn von „Kundschaft" HHv. II, 18 Prosa ₁₂: reiþ á njósn á berget viþ hǫfnena.

Germ. *sabjan.

Das von der idg. Wurzel sap- abgeleitete Subst. altisl. sefi, ags. sefa, alts. sebo bezeichnet in diesen drei Sprachen „Sinn, Herz, Gemüt". Die verbale Ableitung *sabjan ist im Hel. und bei Otfr. nur je in einer Zusammensetzung belegt, die an einigen Stellen die Bedeutung einer Gesichtsempfindung zu haben scheint.

alts. af-sebbian.

Es bedeutet im Hel. zunächst „erkennen". Hierfür finden sich zwei Belege; vgl. V. 206/7: afsuobun (M) sia garao | that it elcor sô uuinlik | uuerthan ni mahti (C hat ansuobun, eine Form, die, als and-sebbian gefasst, dem ahd. int-seffen entspricht), und V. 3642/3: siu afsuobun that uuas thero thieda cuman | hêland te helpu | fan hebanrikie. — Eine Erkenntnis, die durch eine sinnliche Wahrnehmung verursacht wird, bietet V. 298: hie afsuof, that siu habda barn undar iru, während in V. 5776/7 af-sebbian lediglich das Gewahrwerden eines sinnlichen Vorgangs bezeichnet: fuor im thuo thar hie uuelda, | sô thia uuardos thes | uuiht ni afsuobun.

ahd. int-seffen.

Die Grundbedeutung ist wohl die innere Wahrnehmung, Empfindung, in zweiter Linie steht dann die Wahrnehmung durch die Sinne. Otfr.III, 24, 58 handelt es sich um das „Gefühl": Intsuab er thô thaz ungimah, | sô er sa riazan gisah. In III, 4, 29 ist das „Gehör" Vermittler der Erkenntnis: sô er êrist sinu wort insuab, | er thaz betti sár irhuab, und in IV, 24, 3 bewirkt das „Gesicht" die Erkenntnis der Sachlage: stimma sie iro irhuabun, | sô sie thô thaz insuabun. Die Bedeutung einer konkreten Gesichtswahrnehmung vertritt schliesslich int-seffen Otfr. IV, 8, 7: sô wer sô inan insuabi, | er wîg zi imo irhuabi.

Germ. *witan (got. witan, altisl. vita, ags., alts. witan, ahd. wizzan).

Ehe ich zur Betrachtung dieses in allen german. Sprachen belegten Prät.-Präs. übergehe, will ich in Kürze Umschau halten über die sonstigen Ableitungen der idg. Wurzel wid-, die in

ihren Bedeutungsentwickelungen für uns überhaupt in Betracht
kommen, soweit sie nicht schon im ersten Teile dieser Arbeit behandelt wurden. Denn da *witên, und im Angelsächsischen be-weotian,
primär in den in Betracht kommenden Denkmälern die Bedeutung
einer Gesichtsempfindung haben, so war ich genötigt, diese Vertretungen der idg. Wurzel wid- von dem Prät.-Präs. *witan zu
trennen, weil das Letztere nur sekundär die Bedeutung „sehen‟
aufweist. Für das Ags. belegt Grein — Gen. 511 — einmal das
Simplex witan für „sehen‟: god rîteð on þam hêhstan heofna rîce ufan
alvalda. Ferner einmal (Met. 24, 52) in dem Sinne, wie uns das
Kompositum ge-witan im Ags. sonst begegnet, d. h. „sich auf den
Weg machen‟. In den übrigen Fällen hat *witan im Ags., Alts.
und Ahd. die Bedeutung „Jem. tadeln, ihm etwas vorwerfen‟
angenommen, eine Bedeutung, die man aus „Jem. strafend an-
sehen‟ herleitet. In dem Sinne „Strafe‟ ist dann ferner im
Altisl., Ags. und Ahd. ein Subst. *wîtja- vertreten. Das Kompositum fra-weitan besagt bei Wulf. „Jem. rächen‟, während
fir-wizan bei Otfr. denselben Sinn hat, wie das Simplex. Das
Kompositum ge-wîtan ist im Ags. und Alts. von der Vorstellung
aus, dass ein „sehen‟ nach einer bestimmten Richtung hin statt-
findet, zu der Bedeutung „sich auf den Weg machen‟ gelangt
(ich erinnere hier an Verben wie *sëhran, *skawwôn, *wlîtan etc.,
die alle okkasionell diese Bedeutung entwickelten). Im Got. besagt in-weitan „anbeten‟, gleichwie auch wir heutzutage eine Persönlichkeit „angesehen‟ nennen, der wir aus diesem oder jenem
Grunde Achtung zollen. Wer eine Handlung „gesehen hat‟ wird
zum Zeugen derselben. In dieser Bedeutung findet sich bei Wulf.
das Subst. weitwôds.

Ziemlich reich sind auch die Ableitungen belegt, die sich auf
ein -to-Part. der Wurzel wid- zurückführen lassen. Das Adj. *wisa-,
das in allen german. Sprachen (im Got. freilich bloss in Kompositis)
vertreten ist, bezeichnet überall die Trefflichkeit des Verstandes,
die speziell durch Erfahrung erworben, nicht angeboren ist. Das
hiervon gebildete Kausativum *wisjan, das im Got. wiederum nur
in Kompositis, im Alts. und Ahd. hingegen auch im Simplex sich
vorfindet, heisst im Alts. soviel wie „wissend machen‟, also „lehren‟,
oder „sehen machen‟, also „zeigen‟. Dasselbe gilt von der Zusammensetzung gi-wisian. Bei Otfr. ist das Verb nur einmal in der

Bedeutung „Anweisung geben", und das Kompositum *thara-wîsen*
(H. 10) nur in dem Sinne von „Jem. nach einer bestimmten
Richtung hin sehen machen" belegt. Die Komposita *fullaweisjan* =
„Jem. überzeugen" und *ga-fullaweisjan* = „Jem. etwas kundbar
machen" sind ebenfalls in ihrer Bedeutung als Kausativa von **wîsa-
zu erkennen. An das -*to*-Part. ebenfalls anzuschliessen ist **wîsôn*.
Im Got. (nur als Kompos. *ga-weisôn*), Alts. und Ahd. vertritt es
die Bedeutung „aufsuchen, besuchen" — eine Begriffsentwickelung,
die wir schon bei verschiedenen Verben der Gesichtsempfindung
antrafen. Im Altisl. und Ags. hat jedoch *vîsa*, bezw. *wisian* die
Bedeutung eines Kausativums von „sehen", also „zeigen".

Und nun zu dem Prät.-Präs. **witan*. Entgegen unserm heutigen
Gefühl, wo „wissen" nur von Sachen, nicht aber von Personen gebraucht werden kann, vertritt das Verb in unsern Denkmälern allenthalben die Bedeutungen „wissen" und „kennen". Hieran ist zunächst der Gebrauch des Verbs zur Bezeichnung einer geistigen
Wahrnehmung anzuschliessen, und zur Bezeichnung der Gesichtsthätigkeit ist das Verb wohl okkasionell dadurch gelangt,
dass die „Erwerbung" der in Frage stehenden Kenntnisse mehr
in den Vordergrund trat, als diese selbst, dass das „gesehen
haben" stärker empfunden wurde, als das daraus resultierende
„wissen". Von der geistigen Wahrnehmung, die hauptsächlich
belegt ist, haben wir für das German. als von der zuerst bei **witan*
sich sekundär entwickelnden Bedeutung auszugehen. Matth. IX, 4
übersetzt zwar Wulf. durch *witan* εἰδέναι, aber die Bedeutung des
Verbs ist trotzdem „erkennen": *jah witands Jêsus þôs mitônins
izê*. In den übrigen Fällen, wo *witan* diesen Sinn hat, gibt es
γιγνώσκειν wieder, z. B. Joh. XIX, 4: *ei witeiþ, þatei in imma ni
ainôhun fairinô bigat*, oder Joh. XVI, 19: *iþ Jêsus wissuh, þatei
wildêdun ina fraihnan* etc. Dieselbe Bedeutung möchte ich an zwei
Stellen der Edda für *vita* annehmen; vgl. Dráp Nifl. 14/15: *Goþrún visse
vélar ok sende meþ rúnom orþ*, und Hóv. 22, 4/6: *hitke hann veit, |
es hann vita þyrpte | at hann esa vamma vanr*. Und auch im Hel.
scheint mir *witan* zweimal im Sinne von „erkennen" verwendet.
Hel. 2434: *thit sculun gi uuitan alla, | iungron mîna, | huand iu
forgeban habit | uualdand thesaro uueroldes | that gi uuitan muotun
an iuuuon hugisceftion | himilisc girûni*.

In der Bedeutung „die Verantwortung übernehmen" — in
demselben Sinne ist bei Otfr. z. B. auch *scouwôn* gebraucht — steht
bei Wulf. *witan* sogar als Übersetzung von ὁρᾶν; vgl. Matth. XXVII, 4:
hva kara unsis? | þu witeis. Und auch für **witan* wird das „wissen"
durch das Gehör ermöglicht, z. B. Matth. IX, 30: *Saihvats, ei manna
ni witi* (γιγνώσκειν), und Gal. III, 2: *þatain wiljau witan fram izwis*
(μανθάνειν), oder Hóv. 117, 5/7: *illan mann | láttu aldregi | óhopp at
þér vita* oder Beów. 251/2: *nu ic eower sceal | frumcyn witan,* oder
Otfr. II, 8, 13/14: *ih scal thir sagên, mîn kind, | thên hîôn filu hebig
thing, | theih mithon ouh nu westa: | thes wînes ist in bresta.*

Eine rein konkrete Gesichtswahrnehmung vertritt *witan* nur
einmal bei Wulfila, Marc. VII, 24: *jah galeiþands in gard ni wilda
witan mannan* (γιγνώσκειν). In der Edda hingegen scheint mir *vita*
verschiedentlich in diesem Sinne belegt. Wenn Ghv. 10, 1/2 Goþrún
klagt: *þriá vissak elda, | þriá vissak arna,* so will sie damit nicht
sagen, dass sie die Heimstätten nur „gewusst" hatte, sondern
dass sie sie „gesehen" hatte, als sie als Herrin in ihnen schaltete.
Hóv. 1, 5/6 sieht sich der Ankömmling sorgfältig nach allen Seiten
um, weil man nicht leicht wissen, d. h. erkennen kann, wo die
Feinde sich befinden: *þvíat óvist es at vita, | hvar óviner sitja.* Und
Vkv. 11, 5/6 erwacht Vølundr und sieht an seinen Händen und Füssen
die Fesseln, die ihn zum hilflosen Gefangenen machen: *visse sér
á hondom | hofgor nauþer, | en á fótom | fotor um spentan.*

ahd. fir-wizzan.

Otfr. I, 1, 10: *joh wol er sih firwestî | then lesan iz gilusti.*
Dieses Kompositum übersetzt K e l l e durch „sich zurecht-
finden", E r d m a n n durch „klug werden" oder „den Verstand
üben", und P i p e r durch „sich vorsehen, für sich sorgen". Alle
drei Auffassungen sind dem Zusammenhange entsprechend gut
möglich. Weitere Belegstellen fehlen, um die Bedeutung des Verbs
feststellen zu können.

ags. ge-witan.

Im Béow. V. 1350/2 scheint mir dieses Verb den Wert einer
konkreten Gesichtswahrnehmung zu haben: *þæra ôðer wäs, | þäs þe
hie giwislicost | gewitan meahton | idese onlicnes.* Die Landbewohner
berichten hier über die unheimlichen Sumpfgeister. Soweit die

Schärfe ihrer Augen ihnen ein Urteil ermöglicht, glauben sie in einem Geiste die Gestalt einer Frau erkannt zu haben.

got. *miþ-witan.*

I. Kor. IV, 4: *nih waiht auk mis silbin miþwait* (συνειδέναι), ist der einzige Beleg für dieses Verb. Das Subst. *miþwissei* findet sich dann ebenfalls zur Übersetzung von συνείδησις.

alts. *undar-witan,* ahd. *untar-wizzan.*

Im Hel. wie bei Otfr. scheint dieses je einmal belegte Verb „erkennen" zu bedeuten; vgl. Hel. 2688/90 (Mon.): *that sie mahtin thene uualdandes sunu | Krist antkennian, | he ni uuas iro êr cûd ênigumu | that sie ina thô undarwissin,* und Otfr. II, 14, 92: *er al iz untarwesta, | thes mih noh io gilusta.*

Germ. *þankjan

(got. *þagkjan,* altisl. *þekkja,* ags. *þencan,* alts. *thenkian,* ahd. *thenken*).

Während im Got. und Ags. *þagkjan* bezw. *þencan* nur im Sinne von „denken, bedenken, erwägen" belegt ist, zeigen das Alts. und Ahd. weitere Bedeutungsentwickelungen. „An etwas denken" wird z. B. zum „bedenken". Hierher gehört Hel. 645/6: *than eft uualdand god | thâhta uuid them thinge,* und ebenfalls Otfr. III, 16, 15 : *sô wer sô wolle thenken, | then gotes willon wirken* etc.

Die gleiche Bedeutung kann bei Otfr. auch *bi-thenken* vertreten, z. B. I, 1, 23: *eigun sie iz bithenkit, | thaz sillaba in ni wenkit* etc., während *gi-thenken* auch das „streben etwas zu thun" bezeichnet, das „beabsichtigen"; z. B. I, 17, 64: *rehtes sie githâhtun, | thaz sie imo geba brâhtun,* und *ir-thenken* das „durch Denken erreichte Ziel" ausdrückt, das „ausfindig machen"; z. B. *in herzen es irthâhti* (V, 23, 23) etc.

Das Kompositum *undar-thenkian* schliesst sich im Hel. an die letzte Bedeutung an; denn das, was ausfindig gemacht wird, ist auch „genau kennen gelernt", ist „erkannt"; vgl. Hel. 2554/6: *quat that hie it magti undarthenkian uuel, | that im thâr unhold man | after sáida | fiond fêcni crûd.*

Solch geistiges „erkennen“ haben wir nun für das altisl. *þekkja*
als primäre Bedeutung anzusetzen, woraus dann, wie bei *ahtón*,
hugjan, *witan* etc. die Bezeichnung einer sinnlichen Gesichtswahrnehmung sich entwickelt. Nach Vigf. ist freilich *þekkja* im
Sinn von „wissen, erkennen“ in der älteren Litteratur nur spärlich
belegt. Die Edda weist das Verb in dieser Bedeutung überhaupt
nicht auf, hier findet sich *þekkja* nur im Sinn einer konkreten
Gesichtsempfindung. In der Bedeutung einer unwillkürlichen Wahrnehmung ist *þekkja* zweimal verwendet; so þrymskv. 31, ₈,₄: *es
harþhugaþr | hamar um þekþe*, und Vkv. 17, ₅/₆: *ok Bǫþvildar | baug
um þekker*. Dagegen Od. 17, ₅/₈: *jǫrþ dúsaþe | ok upphimenn | þás
bane Fáfnes | borg um þátte*, muss das „nach einem Objekte sehen“
zum „aufsuchen“ desselben geworden sein, da Erde und Himmel
doch vom blossen „ansehen“ der Burg nicht erdröhnen konnten,
sondern nur vom „heranreiten“ des Sigurþr. Und in Gþr. II, 13, ₁,₄
folgt endlich aus dem „ein Ziel aufsuchen“ das „erreichen“: *Fórk
af fjalle | fimm dǫgr taleþ, | unz ek hǫll Alfs | hóva þekþak.*

III.
Syntaktische Verbindungen.

Ich beginne mit den Bezeichnungen der Fähigkeit zum „sehen". Im Hel. (V. 3583/5) ist von einem „geniessen" des Lichts die Rede: *thuo sagdun sia lof gode,* | *diuridun is dâdi* | *thes sia dages liohtes* | *brûcan môstun.* Durch das „öffnen" der Augen wird ferner die Wahrnehmung ermöglicht; vgl. Otfr. III, 21, 90: *thaz uns thiu sîn guatî* | *thiu ougun indâti,* oder Matth. IX, 30: *usluknôdêdun im augôna.* Bei Otfr. kommt (III, 20, 49/50) das Gesicht zu dem Blinden, um ihn „sehend" zu machen: *sô ih thaz horo thana thuag,* | *thes er mir selbo giwuag,* | *sô quam gisiuni mînêr,* und schliesslich wird das Gesicht gleichsam als eine Gabe „empfangen"; vgl. Otfr. III, 20, 103: *ladôtun avur thô then man,* | *ther thes gisiunes biquam.*

Eine zufällige Gesichtswahrnehmung wird ebenfalls mehrfach durch syntaktische Verbindungen ausgedrückt. Das Erschaute wird z. B. als zu den Augen kommend aufgefasst; vgl. Hel. 5454/5: *huat iro thâr te gisiunion quam* | *thuru thena hêlagan mann.* Analog unserm „gewahr werden" findet sich im Altisl. *varr verþa,* z. B. Brudst. 7, 5/6: *þá varþ hann þess varr, at stóllinn fôr under hǫnom upp,* im Alts. *giwar werthan,* z. B. Hel. 3639/40: *thuo uuurthun thes firio barn* | *giuuaro an thesaro uueroldi,* und im Ahd. *anawart* oder *anawert werdan,* z. B. Otfr. IV, 17, 1: *Petrus ward es anawert,* oder I, 22, 9: *ni wurtun siu es anawart* etc.

Eine willkürliche Gesichtsempfindung wird bei Wulfila und bei Otfrid durch das „aufheben" der Augen veranlasst; vgl. z. B. Luc. VI, 20: *is ushafjands augôna seina du sipônjam seinaim,* oder Otfr. III, 24, 89: *huab thiu ougun ûf zi himile.* In der Edda (Hym. 13, 5/6) handelt es sich um ein „begleiten" des Objektes mit den Augen: *fram gengo þeir,* | *en forn jǫtonn* | *sjónom leidde* | *sinn andskota.* Um alles in Augenschein zu nehmen, „wandern" ferner die Augen umher, z. B. Rigsþ. 21, 4/6: *kona sveiþ riple* | *rauþan ok rjóþan,* | *riþoþo augo;* oder sie „wenden sich", um eines Anblickes teilhaftig zu werden, vgl. Otfr. V, 20, 61: *sie ougun zi imo ouh wentent* | *joh forahtente stantent.* In Hyndl. 6, 1/4 hat Hyndla die Empfindung, dass die Augen der Freya auf sie „weisen": *flǫ est, Freyja,* | *es freistar mín,* | *vísar augom* | *á oss þanneg.* —

Bei der syntaktischen Verbindung *gouma nëman* tritt noch die Nebenvorstellung hinzu, dass mit besonderer Aufmerksamkeit etwas wahrgenommen wird. Hierfür liefert Otfrid zwei Belege; vgl. III, 18, 63: *sie námun thia meina* | *thes líchamen gouma,* und V, 6, 24: *iro nihein zi thiu gifiang,* | *sô therêr in thaz grab giang,* | *thaz thes gouma námi in wâr.*

In der Bedeutung „bewachen" finden sich verschiedene syntaktische Verbindungen verwendet. Aus dem Altisl. ist hier *halda vǫrþ* zu erwähnen, z. B. HHv. 23, 8: *ok halda af vísa vǫrþ,* und aus dem Ags. gehört hierhin *wearde healdan,* z. B. Beów. 318/9: *ic tô sir wille* | *wið wráð werod* | *wearde healdan.* Wenn das Augenmerk auf die eigene Person gerichtet ist, so geschieht dies, um sie zu „behüten". In diesem Sinne findet sich *gouma nëman* und *giwar wësan* verwendet; vgl. Otfr. I, 23, 56: *joh harto nemet gouma,* | *thaz ir ni sît thie bouma,* und Hel. 1882/3: *uuesat iu sô giuuara uuidar thiu,* | *uuid iro fêcnon thâr,* | *sô man uuidar fîondon scal.* Wer „sich hütet", ist „vorsichtig" — diese Bedeutung tritt (Hǫv. 131, 6/7) für *varr vëra* in den Vordergrund: *varan biþk þik vesa,* | *ok eige ofvaran.* | *ves þú viþ ǫl varastr.* Und schliesslich wird die „Vorsicht" zur „Furcht", ebenso wie es z. B. auch bei *sjá* belegt war; vgl. Ls. 13, 8: *þúst viþ víg varastr.*

Zu einer sinnlichen Wahrnehmung gesellt sich leicht eine geistige Wahrnehmung hinzu, und auch in diesem Sinne gebraucht Otfrid (II, 3, 21/2) *gouma nëman: er kundta uns thaz in alanôt,* | *thaz andere uns ni zeinônt,* | *thaz gouma mann es námi.* Im Hel. (V. 3197/8) wird dann *giwar wësan* nur noch von einer geistigen Wahrnehmung gebraucht: *hie uuas is an is hugie iu than* | *giuuaro uualdan Crist.* — Zur Bezeichnung einer geistigen Wahrnehmung finden sich verschiedene syntaktische Verbindungen. *Gouma nëman,* das wir schon in verschiedener Bedeutung vertreten sahen, wird in den meisten Fällen bei Otfr. in dem Sinne von „den Geist auf etwas richten, etwas bedenken" verwendet; vgl. z. B. V, 6, 45: *nement sie thana gouma ¦ thera langûn ungilouba*, oder V, 2, 8:' *sint zuêne ouh, nim es gouma, | thes selben krûces bouma* etc. In der gleichen Bedeutung findet sich bei Otfrid auch *ahta nëman*, so z. B. III, 3, 18: *ni nemen in thia ahta | manno scalkslahta*, und *giwar wësan*, so z. B. H. 119: *giwar thu wis io thráto | thero bezirûn dáto*. In Hel. steht in diesem Sinne *wara nëman;* vgl. V. 5744/5: *uuôpiandi uuîb | endi uuara námun, | huô sia eft te them grabe | gangan mahtin.* Auf das „Beachtete", wird dann ferner „Rücksicht genommen", und auch in diesem Sinne kann bei Otfrid *gouma nëman* und ebenso auch *anawart wësan* stehn; vgl. V, 25, 32/3: *thaz ih es gouma ni nam, | thaz ih in thesên rediôn | ni lugi in thêvangelion,* und I, 18, 1/2: *manôt unsih thisu fart, | thaz wir es wesên anawart, | wir unsih ouh biruachên | inti eigan lant suachên.* — *Anawart wësan* steht dann ausserdem noch Otfr. IV, 15, 14 (und ganz ähnlich IV, 15, 16) parallel zu „wissen": *thaz ir wizît mîna fart, | thero wego ouh wesêt anawart.*

Druck und Verlag von ZÜRCHER & FURRER in Zürich.

Schulkomödien. Von Dr. Alexander Ehrenfeld. Erstes Heftchen: Die letzte Stunde. Preis 50 Cts.

— Ehrenfeld hat schon durch sein originelles Buch über „Schulmärchen" gezeigt, dass er es versteht, den Deutschunterricht in eigenartiger und anregender Weise zu beleben. Das vorliegende Stück bedeutet einen Schritt weiter auf der Bahn, die er dort eingeschlagen. Aus der Schule ist es herausgewachsen und für die Schule bestimmt; äusserlich: es wurde als Gelegenheitsspiel für die Uebersiedelung der Ollener Bezirksschule (wo E. Lehrer ist) aus dem alten Schulhaus ins neue im Sommer 1900 verfasst und bei dieser Gelegenheit von Schülern der Anstalt aufgeführt; innerlich: der Verfasser hat den Stoff für die Dichtung, wie man das Werklein trotz des Verfassers Abwehr nennen muss, zum Teil direkt aus Schüleraufsätzen über das Thema „Abschied vom alten Schulhause" genommen, für die Schüler ist es inhaltlich in erster Linie bestimmt und von den Schulverhältnissen handelt es............ Der Verfasser hat so viel schaffende Phantasie, dass er selbst die abgegriffensten Phantasien mit neuem Atem zu beseelen und mit poetischem Leben zu füllen vermag. Mit leichten Veränderungen kann diese Schulkomödie, die Ernst und Humor glücklich vereinigt und wirkliches Leben hat, auch anderwärts mit gleichem Erfolge wie an der Entstehungsstätte aufgeführt werden.

Möge überall der frischen, geistvollen Feder, die der Verfasser führt, die verdiente Anerkennung gezollt werden! —

Jahrbuch der schweizerischen Gesellschaft für Schulgesundheitspflege. I. Jahrgang 1900. Zwei Teile mit zusammen 239 Seiten Text, 25 Tafeln und 14 Text-Illustrationen. Preis Fr. 7.—.

— Inhalt: Die Gründung der Gesellschaft. — Der heutige Stand der Schularztfrage (Referate von † Stadtarzt Dr. Müller, Zürich und Schularzt Dr. Bourquin, Chaux-de-Fonds, sowie Zusammenstellung der Litteratur über die Schularztfrage von Prof. Dr. F. Erismann, Zürich). — De l'enfance en péril moral considérée au point de vue médical. — Die hygienischen Anforderungen an den Stundenplan. — Neuere städtische Schulhäuser in Zürich. — Ueber die Mittel, der sittlichen Gefährdung der Jugend entgegenzutreten. — Die Erfolge der Ferienkolonien. — † Dr. F. med. Felix Schenk. — Bericht über die Jahresversammlung, Organisationsstatut und Mitgliederverzeichnis. —

Neuere städtische Schulhäuser in Zürich. Von A. Geiser, Architekt und Stadtbaumeister in Zürich. 24 Tafeln mit 16 Seiten erläuterndem Text. Preis Fr. 3.—.

— Diese Schrift, die als Separatausgabe aus dem „Jahrbuch der schweiz. Gesellschaft für Schulgesundheitspflege" gedruckt wurde, bildet einen unentbehrlichen Ratgeber bei allen Schulhausbauten und wird jedem, der mit dem Schul- und Sanitätswesen zu tun hat, vorzügliche Dienste leisten. —

Das alte Zollikon. Kulturhistorisches Bild einer zürcherischen Landgemeinde von den ältesten Zeiten bis zur Neuzeit. Mit 14 Illustrationen und 1 topogr. Karte. Von Pfarrer A. Nüesch und Dr. Heinrich Bruppacher. Preis des brosch. Bandes Fr. 10.—, des gebundenen Fr. 12.—.

— Nicht allein darin liegt der Reiz und Wert dieses litterarischen Unternehmens, dass die Vergangenheit genannter Gemeinde in vielfältiger Hinsicht überaus merkwürdig ist, sondern auch darin, dass ein zum Teil beneidenswert schön erhaltenes Material vorlag und von tüchtigen Händen mit Liebe und innerm Anteil, wie auch vorzüglicher Sachkenntnis zusammengestellt und verarbeitet wurde. Es darf als ein sehr gediegenes, ungemein reichhaltiges und für die schweizerische Kulturgeschichte ganz hervorragend wertvolles Werk bezeichnet werden.

Das Buch ist nicht nur für die Angehörigen der Gemeinde Zollikon, sondern auch für jeden Geschichtsforscher und Geschichtsfreund, für alle Pfarrer und Lehrer von hervorragendem Interesse. —

Veröffentlichungen der Gesellschaft für deutsche Sprache in Zürich.

Mitteilungen:

I. Heft: **Die körperlichen Bedingungen des Sprechens.** Von Dr. H. Schulthess. **Wahrnehmungen am Sprachgebrauch der jüngsten litterarischen Richtungen.** Von Prof. O. Haggenmacher.

II. Heft: (Zum hundertsten Geburtstag Jeremias Gotthelfs): 1. **Zur Erinnerung an Jeremias Gotthelf.** Von Pfr. J. Ammann in Lotzwyl. 2. **Ueber die Sprache Jeremias Gotthelfs.** Von Dr. H. Stickelberger in Burgdorf. Mit dem Bildnis Gotthelfs.

III. Heft: **Wustmann und die Sprachwissenschaft.** Von Prof. Dr. E. Tappolet.

IV. Heft: **Schulmärchen** und andere Beiträge zur Belebung des deutschen Unterrichts. Nebst einem Anhang von Schülerarbeiten. Von Dr. A. Ehrenfeld.

V. Heft: **Die mittelhochdeutsche Schriftsprache.** Von Prof. Dr. S. Singer.

Abhandlungen:

I. Heft: **Studien zur Theorie des Reims. 1. Teil.** Von Dr. A. Ehrenfeld.

III. Heft: **Die Ausdrücke für Gesichtsempfindungen in den altgermanischen Dialekten.** Ein Beitrag zur Bedeutungsgeschichte. 1. Teil. Von Frl. Dr. A. Rittershaus.

IV. Heft: **Die Figur des Kindes in der mittelhochdeutschen Dichtung.** Von Frl. Dr. A. Geering.

V. Heft: **Jakob Sarasin, der Freund Lavaters, Lenzens, Klingers u. a.** Ein Beitrag zur Geschichte der Genieperiode. Mit einem Anhang: Ungedruckte Briefe. Von Dr. A. Langmesser.

VI. Heft: **Die romanischen Strophen in der Dichtung deutscher Romantiker.** Von Dr. Emil Hügli.

VII. Heft: **Die Zürcher Mundart in J. M. Usteris Dialektgedichten.** Von Dr. Paul Suter.

Demnächst erscheint:

II. Heft: **Studien zur Theorie des Reims. 2. Teil.** Von Dr. A. Ehrenfeld.

www.ingramcontent.com/pod-product-compliance
Lightning Source LLC
Chambersburg PA
CBHW032357280326
41935CB00008B/608